L'instant présent

pour vivre plus sereinement

EDITIONS ESI

Myriam Jézéquel

L'instant présent

pour vivre plus sereinement

EDITIONS ESI

Introduction

Ce matin-là, j'avais rendez-vous avec une amie. J'arrivai en avance et l'attendis en dégustant un café aromatisé et profitant de l'atmosphère animée des lieux. Au moment où j'échangeai quelques mots avec le serveur, mon amie surgit d'un pas précipité, l'air éreinté.

Regardant dans ma direction, un coin de l'œil sur l'horloge, elle lança tout de go : « *Je suis fatiguée de ce stress permanent. Est-ce qu'on peut vivre un peu ? Avoir du plaisir ? Se sentir bien ?* »

Je lui dis calmement : « *Profitons de l'instant présent !* » Et de répliquer : « *Ah oui, c'est possible ?* »

Bien sûr, il faut vivre ! Mais la vie doit-elle ressembler à une course sans fin ? Faut-il attendre d'arriver à destination pour profiter (enfin !) de la vie ? Faut-il patienter pour être heureux ?

Pris dans le tourbillon du quotidien, nous passons le plus clair de notre temps à courir après les heures ou les minutes. Bousculés par un rythme effréné, obnubilés par ce temps « qui passe trop vite », nous en oublions d'apprécier les petits bonheurs du quotidien. Nous négligeons les menus détails qui embellissent la vie. Nous passons à côté des plaisirs simples du moment.

En lisant ce livre, vous découvrirez qu'il est possible (et pas si difficile) de plonger dans l'instant présent, de saisir les mille et une surprises de l'existence et de goûter, pleinement et intensément, les saveurs de la vie.

Car (avouons-le), combien de fois au cours d'une journée, effectuons-nous des tâches à la hâte sans vraiment y prêter attention ? Vous arrive-t-il d'embrasser vos enfants tout en vous projetant en pensée ailleurs ? Vous souvenez-vous de la dernière fois où vous avez savouré votre repas sans l'avaler machinalement ?

Au fil de votre lecture, vous apprendrez à lâcher peu à peu votre « pilotage automatique » pour accueillir l'instant présent. Chaque chapitre vous aidera à reprendre contact avec vos sens, à écouter votre corps, à être sensible à la beauté, à devenir attentif aux autres et à tout ce qui vous reconnecte au présent.

Grâce aux explications, aux conseils et aux exercices, vous développerez une plus grande disponibilité et une meilleure réceptivité. Vous apprendrez à intensifier le présent. Vous gagnerez une réelle qualité de présence ici et maintenant.

Carpe Diem, cueille le jour présent…

« J'ai appris à apprécier le voyage, sinon la destination. J'ai appris qu'il n'y avait pas de répétition générale, que le présent était la seule garantie dont nous disposions [...] Pensez à votre journée comme si c'était la dernière, vous la vivrez avec joie et passion. »

Anna Quindlen

Témoignage

« Notre rêve a été brisé à la minute même où nous avons appris l'effroyable : sa maladie incurable. Le diagnostic nous est tombé dessus, comme un coup de poing dans le ventre d'une violence inouïe qui vous laisse sans voix, le souffle coupé. Nous étions sous le choc. Aucune rémission possible. Sans espoir. Pendant des années, nous avions travaillé main dans la main, sacrifiant tous nos loisirs, reportant tous nos rêves à plus tard. Et là, si proche du but, nous étions brutalement transplantés dans une autre réalité. Nous nous retrouvions comme des enfants perdus dans l'inconnu, dans un abîme de pensées. Abasourdis par les mots du médecin dont chaque parole prononcée avec doigté nous ramenait au seul verdict : c'en était fini, ou presque. Deux, trois ou quatre mois, tout au plus. Le glas de ce temps compté a résonné telle une alarme, nous incitant à vivre ces derniers précieux instants. Vivre en accéléré tout ce qui n'avait pas été vécu. Profiter pleinement de chaque parcelle de cette fin de vie. Et surtout, ne pas faire le compte de tous les plaisirs dont nous aurions pu profiter et que nous avons laissé passer. Tous nos soucis d'avant ont été relégués au rang de pure insignifiance. Plus le temps de tergiverser, plus de temps à gaspiller. Nous foncions droit devant, les bras grands ouverts

à l'amour, à la beauté, à la compassion, avidement, jusqu'à la jubilation. Tout ce qui ne sera pas vécu dans les jours qu'il lui reste sera perdu à tout jamais. Si nous avions su… »

Dom, 37 ans

Un peu de théorie

Prendre la vie à bras-le-corps

« Je ne savais pas à quel point j'étais heureux ! » ou *« je n'avais jamais réalisé auparavant à quel point le monde est beau ! »*… On peut entendre ces paroles dans la bouche de ceux qui réalisent brutalement, à la nouvelle d'une maladie, d'un décès, d'une perte ou d'un grand malheur, la valeur de la vie. Malheureusement, c'est très souvent lorsque le court terme l'emporte sur le long terme que la notion de présent prend alors tout son sens pour nous. C'est souvent au creux de la vague, au pied du mur ou la tête sous l'eau, qu'éclate le sentiment d'urgence à profiter de la vie ou *« l'enthousiasme brûlant d'une minute de lui-même »* (Paul Valéry). La conscience de la fragilité de toute vie et de sa brièveté agit comme un électrochoc émotionnel, un véritable détonateur à prendre la vie à bras-le-corps. Cette prise de conscience soudaine éveille le désir viscéral de vivre chaque instant qui passe intensément. La beauté des choses nous illumine. L'amour des êtres chers rattrape les cœurs fermés. Pourtant, demandons-nous : faut-il vraiment attendre d'avoir atteint cette extrémité pour commencer à jouir de chaque parcelle de sa vie et cajoler chaque instant passé avec ceux qu'on aime ? Faut-il vraiment qu'il n'y ait plus d'alternative pour que s'éveille cette soif de vivre qui sommeillait en chacun de nous pendant toutes ces années ? Comment créer ce rappel de l'importance de vivre le présent sans passer par la case « urgence » ? *« Carpe Diem »*, cueillez le jour présent…

Pourquoi patienter pour profiter de la vie ?

Vous arrive-t-il de penser : « Je commencerai à être heureux quand... » ? La liste des souhaits peut être longue : quand je trouverai le grand amour, j'aurai des enfants ; quand je serai riche, je pourrai partir en vacances, quand j'aurai mon diplôme, un travail qui me plaît ; quand j'aurai une maison... Faites-vous partie de ceux qui attendent de gagner le premier prix ou le gros lot pour commencer à penser au bonheur ? Nombreux sont ceux qui vivent leur existence comme si leur vie présente n'était que la préparation ou la répétition d'une autre vie à venir. Ils vivent l'instant présent comme s'ils se préparaient à vivre autre chose. Conséquence : ils remettent toujours à plus tard leur projet de « vivre », attendant la réalisation d'un but ou l'obtention d'un prix pour qu'à ce moment-là, leur vie commence enfin ! L'ennui est qu'ils n'arrivent parfois jamais à destination pour profiter de leur vie, ou bien qu'ils arrivent « trop tard » pour la vivre avec le même appétit que s'ils étaient encore jeunes. À force de patienter pour être heureux et de retarder le moment de vivre (enfin !) la vie rêvée, on risque de manquer de temps pour en profiter ! Malheureusement, il n'y a aucune promesse d'être heureux avec ou sans le projet convoité. Si vous avez tendance à passer votre vie à attendre le bon moment pour la savourer, songez que rien n'est jamais acquis, que certains espoirs ne voient jamais le jour, que d'autres bonheurs présents meurent trop tôt et que le temps passe très vite.

Plonger dans l'instant présent

Êtes-vous prêt à plonger dans l'instant présent et à cueillir tous les cadeaux de la vie ? Si oui, ne ratez jamais une occasion de vous accrocher à elle. N'attendez pas que le temps presse subitement pour croquer dans le présent. Si vous vous ouvrez à la beauté de l'existence avec la conscience de sa brièveté (le côté inexorable de la mort), vous ne serez jamais en panne de goût de vivre. Goûter ce que chaque instant a à offrir de précieux, de beau, d'excitant. Pour certains, le fameux *Carpe Diem* résonne comme le célèbre slogan : *« Vivre sans temps mort et jouir sans entraves* ». Ils pensent que la vie ne vaut la peine d'être vécue que si on la vit à fond, avec urgence et avec passion. La volonté de profiter intensément de chaque instant est une façon d'exister qui devient parfois avec le temps un art de vivre. Toutefois, pas besoin de sensations fortes ou d'événements extraordinaires pour embellir sa vie et s'ouvrir à d'autres choses que la gestion des détails du quotidien ! Vivre mieux et être bien, en s'attachant à une certaine qualité de présence, permet aussi d'accéder à l'instant présent. L'essentiel est de vivre une vie qui vous ressemble et qui vous fait ressentir, chaque jour qui passe, la joie d'être vivant. C'est le moment de s'aimer soi-même, de ne plus perdre de temps et d'aimer la vie pour ce qu'elle est. Imaginez que chaque matin soit un nouveau départ… Qu'aimeriez-vous faire de cette journée spéciale ? Passez à l'action et jouissez dès à présent de la vie !

À RETENIR

La conscience de la brièveté de la vie et de sa précarité donne brutalement de la valeur à l'instant présent. Mais faut-il vraiment attendre cette extrémité pour savourer la vie ? Comment faire en sorte de cultiver positivement le goût de vivre sans qu'un événement extérieur, très déstabilisant ou malheureusement dramatique, nous force à ce sursaut ?

Pourquoi remettre à plus tard ce que l'on peut vivre maintenant avec plaisir ? S'il est agréable et motivant d'avoir des projets et des rêves, il est plus risqué de penser que le moment de leur réalisation nous permettra enfin de profiter pleinement du moment présent. Sachez d'ores et déjà chérir les bonnes choses qui vous arrivent en ce moment !

Parfois, c'est l'image de la vie qui peut s'arrêter du jour au lendemain, l'image du temps qui reste ou celle du chemin parcouru en bout de parcours, qui donne une nouvelle saveur au présent vécu. Il est encore temps de vous demander : que serait pour vous une belle journée, une journée si parfaite que vous vous sentez heureux d'être là, ici et maintenant ?

À la recherche de l'instant présent

« Nous ne nous tenons jamais au temps présent. Nous anticipons l'avenir comme trop lent à venir, comme pour hâter son cours, ou nous rappelons le passé pour l'arrêter, comme trop prompt : si imprudents que nous […] ne pensons point au seul temps qui nous appartient. »

Blaise Pascal

Témoignage

« De nature hyperactive, j'ai tendance à faire le maximum en mettant les bouchées doubles sans y aller avec le dos de la cuillère. Mes journées, au timing bien réglé, défilaient sur un rythme infernal. Je vivais à cent à l'heure lorsqu'un jour, on m'annonça la fermeture de l'entreprise, la fin de mon emploi. J'étais « terminée ». Puis, je perdis un être cher, décédé. Déroute finale : mon ado partit étudier à l'étranger. Un gouffre s'ouvrit sous mes pieds. La précarité de toute chose me sauta au visage. Happée, je perdis l'équilibre et me retrouvai face à terre. Le temps s'était brutalement arrêté dans sa course folle. Le diagnostic tomba : « dépression ». Perte d'appétit de vivre. Remords incessants. Projets en miettes. Alors que je traînais mon mal de vivre dans un jardin public, j'entendis rire aux éclats. Quelle incongruité ! Sur mon banc, un bébé souriait à la vie. Immobilisée, je contemplai la scène. Sur les genoux de sa mère, le regard dans le sien, il irradiait le bonheur de vivre. Avec quelle insouciance, il profitait de la vie. Tout à son jeu de mimiques, rien ne comptait que l'instant présent. Ce rire se grava dans mon esprit comme un appel à apprécier la vie. Ma nouvelle devise : Carpe Diem. Aujourd'hui, je goûte chaque jour comme

le premier du reste de ma vie. Même si j'ai des projets, j'accueille tout plaisir fugitif. Rien n'est permanent. Personne n'est immortel. Loin de m'accabler, cette prise de conscience m'a fait gagner une légèreté de vivre ! »

Lucie, 47 ans

Un peu de théorie

Courir après le temps ou arrêter la course du temps ?

Notre quotidien est souvent rythmé sur la cadence de la productivité et nous menons une existence toute programmée, aux gestes répétés à satiété. Cela fait que le présent semble nous échapper à tout instant. Sans doute, n'avons-nous jamais vécu aussi longtemps ni bénéficié d'autant de temps « libres ». Pourtant, nous ne cessons de nous plaindre de « manquer » de temps. Fait notable : la « gestion » du temps s'est placée aux premiers rangs des préoccupations de nos sociétés occidentales. Sous l'impératif d'en faire plus en toujours moins de temps, nombreux sont ceux qui passent à la vitesse supérieure. Mais dans leur vie en accéléré, certains passent le plus clair de leur temps à côté des choses essentielles et à ne pas profiter de leurs moments libres. Pour ceux qui vivent sur pilotage automatique, attachés aux habitudes et aux dépendances, il leur manque cette disponibilité d'esprit pour se laisser surprendre par la beauté des choses, pour capter la poésie du monde, pour découvrir les merveilles qui sont tout près d'eux. Et que dire du temps accaparé (gaspillé ?) par les nouvelles technologies de communication ? Véritable phénomène « chronophage » : notre capacité d'attention et de concentration se serait considérablement réduite à l'heure des réseaux sociaux et de l'information instantanée. Résultats : nous avons acquis des méthodes et des outils pour « sauver » des heures sans vraiment savoir comment suspendre le temps dans sa course et profiter de l'instant présent !

Faire un examen de son rapport au temps…

Faire l'examen de son rapport au temps (à ne pas confondre avec son emploi du temps) faire partie des étapes primordiales pour prendre conscience de sa manière de vivre et chercher à évoluer. Comment vous considérez-vous ? Êtes-vous du genre à bousculer les choses, à pousser votre petit monde vers l'avant ou plutôt à vous laisser vivre et à prendre votre temps ? Des voix s'élèvent pour clamer que notre obsession de la gestion du temps a fini par miner notre capacité à jouir des plaisirs de la vie et des moments de détente. Ce que nous avons gagné en efficacité, nous l'aurions perdu en sérénité et en joie de vivre. Et si l'urgence était moins à « gagner » du temps à vivre qu'à « apprécier » davantage l'instant vécu ? Par ailleurs, savoir profiter de l'instant présent a peu à voir avec l'art de flâner, de se complaire dans l'inaction. C'est plutôt l'art d'« habiter » l'instant : écouter le silence, entendre les bruits environnants, regarder et s'émerveiller, sentir et ressentir en étant présent à soi, disponible aux autres, réceptif au monde. Véritable savoir-vivre, il repose sur l'aptitude à accueillir et à jouir du présent en étant immergé dans l'ici et maintenant, à l'image de l'enfant totalement absorbé par son jeu. Toutefois, cette aptitude n'est pas réservée aux enfants. Car rien n'empêche un adulte d'apprécier l'instant. Alors pourquoi nous interdisons-nous la plupart du temps d'embrasser ce présent ? Qu'est-ce qui nous retient de nous sentir *hic et nunc* ?

Prendre le temps de se poser en appuyant sur la touche pause

Pas toujours facile d'appuyer sur la touche pause, d'interrompre la course du temps quand nous devons répondre, au cours d'une seule journée, à une multitude d'exigences professionnelles ou familiales, l'une après l'autre ou de façon simultanée. Il arrive malheureusement que ce soit à l'occasion d'un événement extérieur, douloureux ou très déstabilisant, que nous prenions ce temps d'arrêt pour réfléchir à la façon d'occuper notre existence et au sens de celle-ci. Et si nous décidions tout simplement de prendre les devants, de nous poser pour prendre du recul sur notre vie, sans attendre que cette interrogation s'impose brutalement à nous ? Le secret est de faire le vide dans son esprit. Essayez, ne serait-ce que quelques minutes, de vous soustraire à une activité. Dans le calme, suspendez quelques secondes votre respiration, puis expirez l'air de vos poumons lentement, profondément. Répétez l'exercice plusieurs fois. Imaginez qu'en évacuant l'air vicié, vous éloignez en même temps les émotions négatives. Le but de ce repos volontaire est de faire taire le tapage mental des pensées stériles qui assaillent l'esprit en permanence. Dès que vous en éprouverez le besoin, essayez de vous octroyer un moment de solitude, de vous ménager une pause pour cesser toute activité cérébrale : installez-vous dans le calme, essayez de vous abandonner et évacuez le trop-plein, source de stress. Vous commencerez à ressentir les bienfaits, même subtils, d'un bref moment de calme et de sérénité.

À RETENIR

Placés devant la difficulté de tout faire, certains courent pour ne pas tomber. D'autres, essoufflés, interrompent leur course. D'autres encore révisent la nécessité de se lancer à corps perdu dans une quête de performance. Et si vous appreniez à suspendre la course du temps, ne serait-ce que quelques minutes, pour profiter de l'instant présent ?

Il arrive qu'un contretemps nous donne toute la mesure du temps qui passe de façon inéluctable. Néanmoins, il est possible d'examiner son usage du temps avant qu'un événement (extérieur) ne nous force à un temps d'arrêt nécessaire. Au cours d'une journée, regardez-vous agir et réfléchissez à votre manière d'occuper votre temps, de le remplir ou de l'habiter.

Il arrive très souvent que notre esprit erre de pensée en pensée, nous ramenant vers le passé ou nous projetant dans le futur. Durant le temps passé à laisser ces pensées s'entrechoquer ou envahir notre esprit, nous ne profitons pas de l'instant présent. Pour prendre contact avec notre réalité, commençons par nous libérer l'esprit des émotions négatives.

Aller à l'essentiel, repenser ses priorités

« Non, je n'ai pas envie d'une piscine. Est-ce que j'ai seulement envie de quelque chose ? J'ai tout. Chaque matin, j'ouvre les yeux et je me découvre milliardaire : la vie est là, discrète, bruyante, colorée, petite, immense. Le chaos, les siècles et les étoiles ont bâti cette merveille pour moi. »

Christian Bobin

Témoignage

« Mariée depuis 25 ans, mère de trois enfants, propriétaire de notre maison avec jardin et piscine, cadre professionnelle accomplie, j'ai tout pour être comblée par la vie. Pourtant, je vis avec la sensation que ma vie m'échappe un peu plus chaque jour. Et un beau matin, en vous levant, vous vous apercevez que les enfants ont grandi au point qu'ils quitteront bientôt la maison, que vos parents ont vieilli, que vos cheveux n'ont plus tout à fait la même couleur, que votre emploi temporaire (en attendant mieux) s'est transformé en emploi permanent, que vos travaux de rénovation ne sont toujours pas finis et… que votre existence n'est pas vraiment comme vous l'aviez imaginée au départ, à la vingtaine. J'ai vécu toute ma vie dans une vision idéalisée de la famille et de la réussite sociale. Mais, même bien mariée et bien classée socialement, je ne parviens pas vraiment à profiter de ce que j'ai. Chaque jour, je suis au volant de ma voiture neuve pour aller au travail et j'ai l'impression que je me suis perdue en chemin. Sur les traces de ma vie, je cherche où je me suis arrêtée

en route. Seulement, je n'ai aucune idée de ce que je veux, seulement de ce que je dois faire. Dans ma vie réglée comme du papier à musique, mon quotidien se résume à une somme de détails et de responsabilités à assumer. Il me manque quelque chose d'essentiel, mais quoi ? Je voudrais trouver un sens à ma vie qui, à chaque réveil, me donne envie d'aller de l'avant. Est-ce si déraisonnable ? »

Christine, 50 ans

Un peu de théorie

Se détacher des « faux biens »

Comment espérer profiter de l'instant présent si nous avons toujours l'impression qu'il manque quelque chose à notre bonheur ? Comment répondre « présent » à la vie lorsque, entouré d'une abondance de « biens » et croyant tout « avoir », nous avons perdu de vue l'essentiel : nous, notre propre valeur et nos valeurs personnelles ? Pour la plupart d'entre nous, nous consacrons une grande partie de notre vie à gagner de l'argent et à le dépenser dans du « matériel ». Ce fonctionnement remplit rarement une vie de « sens ». Nous pouvons avoir la sensation que quelque chose manque à notre bien-être, notre bonheur ou notre plaisir. La société marchande s'engouffre dans ce manque en ne cessant d'attiser notre désir de consommer et de posséder comme s'il nous fallait toujours plus de biens pour profiter pleinement de la vie, pour nous sentir mieux. La publicité cherche à nous convaincre que derrière l'achat d'un objet, au-delà de son utilité, nous acquérons aussi une identité, que ce besoin de consommer va nous apporter la satisfaction. L'illusion consiste à croire qu'en achetant ce sac à main, je m'identifie au mannequin, je me démarque comme le porteur d'une grande marque. Résultat : nombreux sont ceux qui vivent au-dessus de leurs moyens et désespèrent de n'être plus « rien » en cas de faillite. Seulement, « avoir » n'est pas « être » ! La vie ne saurait se limiter au plaisir exacerbé de consommer « toujours plus » de biens, au temps passé à dépenser de l'argent que l'on a gagné.

Approfondir ses valeurs

Le plaisir de savoir profiter de la vie vient d'abord à ceux qui savent apprécier ce qu'ils ont plutôt que de rechercher ce qu'ils n'ont pas. *« On sait par expérience que l'homme dont la seule référence est l'extériorité ne se contente jamais de ce qui est simplement nécessaire »*, soulignait Carl Gustav Jung. Pour le célèbre psychiatre, cette insatiabilité extérieure peut devenir une souffrance intérieure n'offrant nul repos. Car cet homme *« oublie complètement que lui-même, en dépit de tout succès extérieur, reste intérieurement toujours le même »*, analyse Jung. À toujours chercher en dehors d'eux-mêmes ce qui leur manque en eux-mêmes, les gens passent beaucoup de temps à courir après des biens matériels, à croire au leurre de la réussite purement matérielle. Ils pensent qu'ils pourront ainsi combler un vide qui est en fait intérieur. Pour le psychiatre, ils font fausse route. Avec lucidité, il explique encore que *« plus on obéit à cette recette, plus on s'imagine que c'est du dehors que vient l'accroissement de la personnalité, plus on s'appauvrit intérieurement »*. Au contraire, nombre de philosophies prônent la nécessité d'une ampleur intérieure pour accueillir la grandeur de l'objet extérieur. Pour donner une réelle consistance à sa vie, il vaut mieux partir en quête de ses valeurs propres en se retirant au plus profond de soi-même. Dans cette quête, il faut parfois revoir ses priorités pour trouver son vrai centre de gravité, le centre de soi, au cœur de son identité.

Faire le plein de « sens »

Il arrive un jour ou l'autre, parfois au milieu de la vie, que l'on se pose inévitablement les questions : qu'ai-je fait de ma vie ? Ai-je fait les bons choix ? Où est-ce que j'en suis aujourd'hui ? Parfois, cela peut être un événement tragique qui nous contraint à poser un autre regard sur notre existence, à plonger dans nos valeurs, à sonder le sens de notre parcours ou à approfondir nos relations avec les autres. Ces interrogations peuvent aussi trouver leur origine dans une certaine insatisfaction à vivre dans une société gouvernée par les valeurs dominantes d'individualisme, de consommation et de performance qui nous trompe et nous détourne de nous-même. Nous nous demandons, parfois, à quel moment nous avons perdu de vue l'essentiel, à quel moment nous nous sommes perdus dans ces valeurs conformistes. C'est ainsi que certaines questions existentielles tracent leur sillage dans la routine de notre quotidien. Lorsque ces questions s'installent durablement en nous, elles incitent à prendre conscience de nos vraies valeurs et à identifier ce qui est essentiel pour nous. En permanence sollicité, savons-nous vraiment ce qui est capable de « faire sens » pour nous et de nous combler de joie ? Quelle est notre principale raison d'avancer ? Qu'est-ce qui donne de la valeur à notre existence ? Faites l'exercice de vous remémorer les moments les plus marquants de votre vie, les souvenirs qui vous emplissent de joie ou de fierté. Décrivez les rêves qui vous tiennent à cœur.

À RETENIR

Il arrive que nous soyons malheureux à cause ce que nous ne possédons pas au lieu d'être heureux de ce que nous avons déjà. Car l'abondance n'est pas toujours là où l'on croit. Et si, au lieu de broyer du noir pour quelques euros, quelques kilos ou centimètres, nous mettions plutôt les projecteurs sur ce que nous avons de plus précieux en nous ?

La seule idée de profiter de la vie véhicule parfois un flot d'images rayonnantes, une série de clichés d'une vie réussie. Les marchands de bonheur cherchent à nous vendre un bonheur immédiatement accessible, selon les goûts du jour et la bourse de chacun. Et si, *« l'homme le plus riche est celui dont les plaisirs sont les moins coûteux »* (H. D. Thoreau) ?

On s'aperçoit de la valeur de sa vie quand on se focalise sur ce qui est le plus important pour soi. Pour être plus présent au présent, accordez tout votre intérêt à ce qui compte vraiment à vos yeux. Investissez de sens vos choix. Appropriez-vous vos valeurs. Trouver un sens à sa vie permet d'être en contact avec la part la plus profonde de soi-même.

Toute cette énergie perdue à ressasser le passé !

« Ce qui m'apparaît maintenant avec la clarté de l'évidence, c'est que ni l'avenir ni le passé n'existent. [...] « Il y a trois temps : le présent du passé, le présent présent, le présent du futur. » Car ces trois sortes de temps existent dans notre esprit et je ne les vois pas ailleurs. »

Saint Augustin

Témoignage

« Jamais je ne pourrai me pardonner cette erreur ! Cette erreur, je la ressasse sans arrêt, je rumine mon manque de jugement et je fulmine contre mon ex-collègue. Que je vous raconte : nous étions deux, pas trois ou quatre, seulement deux candidats favoris à se retrouver en première ligne, à la dernière étape du recrutement pour le poste de directeur général du marketing. Pendant des années, j'ai convoité ce poste en travaillant d'arrache-pied. La veille de l'entrevue, je revoyais encore tous mes arguments de vente et mes prévisions chiffrées. Mon Powerpoint était au point, fin prêt, mes arguments bétons. Le jour J arrive. Trente minutes avant ma présentation devant le parterre des administrateurs, je constate avec horreur que mon document a disparu du tiroir. Comme mon bureau n'était pas fermé, je soupçonne aussitôt mon rival de ce sale coup. Mais trop tard ! Ma piètre figure et ma médiocre performance, toute en bafouillements et en excuses, me font perdre la face et la place au profit de mon adversaire. Depuis cet acte déloyal, je repasse le film des événements, ressasse mon manque de prudence, le coup de trahison et ravive la même plaie d'échec. « Comment a-t-il pu faire ça ? » tourne

en boucle dans ma tête. « Si seulement… aujourd'hui, je serai sans doute le plus heureux des employés. » Il n'y a pas un jour qui passe sans que mes regrets amers n'envahissent mon esprit et ne me pourrissent la vie. Je traîne comme un boulet cette erreur de jugement. »

Henry, 37 ans

Un peu de théorie

Ce passé qui ne passe pas toujours

Il arrive parfois que le passé pèse plus lourd que le présent et le futur réunis. On a beau dire que le passé, c'est le passé, parfois, on n'arrive pas à s'en échapper, il ne passe pas tout simplement, il ne meurt pas. Au contraire, il demeure présent, bien gravé dans notre mémoire et il resurgit au moindre incident. Comme le dit André Comte-Sponville, *« si ton souvenir lui-même était passé, tu ne t'en souviendrais plus : ce ne serait plus un souvenir mais un oubli. Le passé n'existe pour nous qu'au présent, ou dans le présent : il n'existe, c'est tout le paradoxe de la mémoire, qu'en tant qu'il n'est pas passé. »* Mais revenons pourtant à cette notion de passé. Ce que nous appelons passé, c'est ce temps qui n'est plus. Mais sous l'effet de lourds regrets ou de profonds remords, nous avons la possibilité de maintenir les souvenirs présents, vivants, de faire perdurer le passé jusqu'à, parfois, occuper et envahir toutes nos pensées. C'est le cas, par exemple, quand on a perdu un être cher : le passé reste présent. Tous nos efforts pour oublier peuvent ne pas suffire à effacer ce passé, à se défaire des regrets et des remords. Conséquence : la personne vit dans l'impossibilité de saisir les moments de bonheur, de goûter aux plaisirs de l'instant présent ! Même dans un instant de joie profonde, l'esprit peut rappeler à sa mémoire les événements anciens. Le risque est alors que notre présent nous échappe parce que cet encombrant passé nous retient de vivre librement.

Vivre sans regrets et sans remords

Nous avons tous des regrets : une parole dite, mal dite ou non dite, un acte raté, une occasion manquée… Les regrets peuvent prendre différents visages et, même, s'accumuler : un amour déçu, un ami perdu de vue, des études interrompues, des investissements risqués, une relation extraconjugale, des enfants mal-aimés, etc. Certaines personnes regrettent même les décisions cruciales prises au cours de leur vie. D'autres se sentent rongées par un seul et profond regret qu'elles n'arrivent pas à oublier. Mais à trop revisiter les événements de notre passé, on perd de vue notre pouvoir dans l'instant présent. Ne pouvant rien changer à ce qui a existé précédemment, nous pouvons néanmoins essayer de transformer notre façon d'y réagir et d'y répondre ici et maintenant. Hamilton Beazley croit que nous peinons à nous libérer de notre passé car nous ignorons comment procéder pour modifier l'impact psychologique d'un événement sur nous. *« Quelle que soit la nature de votre regret, vous pouvez mettre à profit les leçons à en tirer et les présents qu'il vous offre. »* Selon le psychologue, il est possible de faire la paix avec soi et les autres en faisant amende honorable, afin de se libérer de la culpabilité, en développant de la compassion pour la façon dont on a agi à l'époque, en pardonnant aux personnes qui nous ont blessés, pour se libérer de leur emprise et redevenir maîtres de nos pensées. Le temps que nous passons à regretter le passé est perdu et nous oublions de vivre.

Mettre fin à la flagellation mentale

Si vous êtes plutôt du genre à regarder plus souvent ce qui se passe derrière dans votre rétroviseur que devant à travers votre pare-brise, cet exercice est fait pour vous. Accordez toute votre attention à la tâche que vous effectuez maintenant sans vous laisser distraire par vos pensées sur le passé. L'instant présent est unique et différent de tous les autres moments. Il vous appartient. Dès que vous commencez à vous perdre dans des centaines de conjectures « et si… », dès que vous êtes porté à vous blâmer ou à éprouver un sentiment de culpabilité, décidez de cesser cette flagellation mentale, dites « non » et reprenez le contrôle de vos pensées. Au besoin, sortez de chez vous pour vous aider à sortir de vous-même et prendre du recul. Respirez profondément. Vous pouvez aussi, si vous voulez, écrire vos pensées sur une feuille. En relisant vos notes, demandez-vous : « De quelle autre façon puis-je considérer cette situation ? ». Ou encore : « Si je laissais tomber ces regrets, à quoi laisseraient-ils la place aujourd'hui ? ». Dès que vos ruminations reprennent, dites : « Ça suffit ! ». Éloignez de vous tout ce qui peut alimenter vos regrets et concentrez-vous sur ce qu'il est en votre pouvoir de réaliser au présent. Ouvrez la porte à des projets qui portent la marque de vos valeurs et correspondent à vos désirs ou objectifs actuels. Agissez au présent sans vous retourner sur votre vie passée. Une page est tournée. Une nouvelle page est peut-être en train de s'écrire…

À RETENIR

La fixation sur un ou des événements passés peut diminuer toutes nos énergies. Ces pensées, parfois obsessionnelles, peuvent obscurcir l'esprit, nous tourmenter et colorer notre perception du présent qui devient moins satisfaisant. Prendre conscience de cette emprise du passé mort sur notre vie présente est une première étape pour s'en libérer !

Vivre sans regrets, c'est possible ! Pour lâcher prise sur les émotions qui assaillent, il importe de faire la paix avec son passé, soi et les autres. Un facteur de changement consiste à apprendre et à tirer profit des leçons de ce passé, qui peuvent contribuer à notre évolution psychologique. « À tout malheur, quelque chose est bon » !

Vivre au présent sans le poids des regrets commence parfois par cesser de se complaire ou de se morfondre dans ses remords. Quels que soient les regrets qui vous habitent, il faut cesser de laisser les fantômes du passé prendre le contrôle de vos pensées en mettant fin au ressassement mental et en accordant toute votre attention au présent.

Peut-on trop se projeter dans l'avenir ?

« Car comment celui qui ne connaît pas l'avenir pourrait-il comprendre le sens du présent ? Si nous ne savons pas vers quel avenir le présent nous mène, comment pourrions-nous dire que ce présent est bon ou mauvais, qu'il mérite notre adhésion, notre méfiance ou notre haine ? »

Milan Kundera

Témoignage

« D'aussi loin que je me souvienne, j'ai toujours eu envie d'être ailleurs, de passer à autre chose. Je n'ai jamais eu envie d'une vie ordinaire. J'ai commencé à monter sur les planches à l'âge de dix-huit ans, voilà dix ans. Pour moi, une vie merveilleuse m'attendait. La chance me tendrait les bras un jour. J'étais destinée à une autre vie que celle de mon quotidien monotone. Lors d'un souper entre filles, j'expliquais à mes amies que j'étais pleine d'espoir… Maud m'a regardée droit dans les yeux. Mes autres amies semblaient attendre ce moment. « Il faut bien que quelqu'un te le dise. Le seul rôle qui te convienne est celui de Madame Bovary. Quand vas-tu cesser de rêver à une existence au-dessus des autres, à une vie sublime ? » J'étais estomaquée. Comme si cela ne suffisait pas, Fabienne en a rajouté : « C'est vrai, on a toujours l'impression que tu attends le prochain train, assise sur le quai de la gare. » C'était le tour d'Angélique : « Ce qu'on cherche à te dire, c'est que tu gaspilles ta vie à entretenir l'espoir d'une vie de paillettes. Il est temps de retomber sur tes pieds, tu ne crois pas ?

Sinon, dans dix ans, tu seras encore là, assise sur le quai. Tu n'auras rien vu, rien compris. » Cela a été un électrochoc. Je n'avais pas réalisé à quel point mes amies trouvaient mes rêves déraisonnables. Je n'aurais jamais imaginé vivre autrement qu'en espérant un avenir glorieux. L'idée que je puisse passer à côté du bonheur présent ne m'avait pas effleuré l'esprit. »

Sabine, 28 ans

Un peu de théorie

Dans l'éternelle attente des lendemains

L'avenir est ce temps à venir, tout ce qui n'est pas encore mais qui pourrait bien le devenir. C'est pourquoi, pour la plupart d'entre nous, le futur donne un sens et un but à nos actions et nos décisions actuelles. Mais il arrive que des personnes, insatisfaites de leur vie et incapables de profiter du moment présent, se projettent trop dans l'avenir en rêvant toujours de lendemains plus heureux (fantasmes). Cette attitude psychologique, excessivement optimiste, ressemble à une fuite en avant et s'apparente à une échappatoire face aux soucis quotidiens ou au vide intérieur. Elle comble un manque. Vivre dans l'espoir empêche souvent de voir la réalité présente en toute conscience. Convaincues qu'un nouveau monde va s'ouvrir à elles, ces personnes vivent dans l'éternelle attente d'un bonheur futur qui se dérobe sans cesse. Lorsque cette attitude repose sur un choix (rationnel) de « sacrifier » le présent à des projets futurs, le pari peut valoir la peine mais demeure risqué. Car à trop vivre en vue du futur, sans l'assurance d'arriver à ses fins, on peut oublier de profiter du présent. Et lorsqu'elles seront arrivées là où leurs rêves les mènent, la plus belle époque de leur vie sera peut-être passée. Comme le disait Blaise Pascal, *« nous anticipons l'avenir comme trop lent à venir, comme pour hâter son cours [...] Ainsi nous ne vivons jamais, mais nous espérons de vivre ; et, nous disposant toujours à être heureux, il est inévitable que nous ne soyons jamais ».*

Toujours à anticiper le pire à venir

À l'inverse, d'autres personnes vivent constamment en prévoyant le pire, dans la prédiction de l'avenir. Elles anticipent le futur pour mieux se préparer aux pires éventualités. Vous avez beau vous émerveiller de la chance qu'elles ont d'avoir décroché cet emploi ou rencontré leur amoureux, elles vous répondent : *« Ça ne marchera pas »*. Ainsi, dans leur esprit, elles se disent que la déception sera moins grande puisqu'elles avaient déjà prévu que cela ne marcherait pas. Ce mode de fonctionnement correspond en fait à une défense psychologique. Ces personnes, souvent angoissées et supportant mal l'incertitude et les imprévus, veulent pouvoir faire face aux événements, dans l'illusion de les contrôler et de gérer leurs propres émotions face à eux. Même quand elles mènent une vie comblée, elles guettent l'arrivée de nuages noirs pour être sûres de ne pas être prises au dépourvu si cela devait arriver. Et si les noires prédictions ne se présentent pas ? Elles prennent rarement le temps de s'en réjouir car d'autres nouvelles, plus sombres peut-être, pourraient encore survenir. Souvent, rien n'apaise leur anxiété ! Rien en ce monde n'est calme et volupté, tout n'est qu'accalmie avant la tempête, pensent-elles. L'excès de pessimisme a les mêmes effets que l'excès d'optimisme. Il conduit à l'incapacité de s'abandonner au plaisir de vivre simplement l'instant présent. S'il est bon de prévoir, il est néfaste de toujours prévoir le pire. L'hyper-vigilance n'est pas prudence !

Savoir se projeter en avant en gardant les pieds sur terre

Lorsque nous sommes aux prises avec des schémas de pensée irréalistes, exagérément optimistes ou pessimistes, nous nous empêchons d'apprécier le moment présent jusqu'à, parfois, éviter d'assumer pleinement notre vie au quotidien. *« Être, c'est être maintenant »*, disait Marcel Conche, comme pour nous rappeler que l'être humain vit toujours ici et maintenant, dans la succession d'instants qui passent, et non ici et demain ou là-bas et aujourd'hui. Espérer ou s'inquiéter de ce qui pourrait ne jamais arriver est une pure perte de temps. Nous n'avons aucune prise sur l'avenir : il demeurera toujours incertain. En vous autorisant à vous laisser surprendre par la nouveauté quotidienne et à vivre des moments éphémères qui vous ressourcent, vous parviendrez progressivement à vivre avec vos craintes et vos espoirs. Il ne tient qu'à vous de commencer à vivre immédiatement, d'accueillir les mille et un bonheurs dans l'horizon d'une seule journée, et d'imaginer tous ces petits et grands plaisirs qui, accumulés, peuvent rendre une vie plus épanouissante. Vous serez alors beaucoup plus serein et moins stressé par l'avenir. Prenez les choses en main et ne remettez pas au lendemain ce que vous pouvez faire aujourd'hui. Développez au maximum la perception de ce qui vous entoure pour éviter de dire un jour « trop tard ». Investissez du temps dans le partage et l'amitié. Car s'approprier son quotidien et assumer sa vie actuelle, c'est déjà un bon début pour ne pas gaspiller son précieux temps.

À RETENIR

On ne peut être sûr que du moment présent. Si la plupart d'entre nous planifient l'avenir et s'y projettent positivement, il est plus risqué de vivre dans l'espoir d'un avenir magnifié ou de se priver de jouir du présent à la conquête d'un avenir programmé. Demandez-vous : l'instant présent doit-il seulement servir à préparer l'avenir ?

Votre difficulté à goûter les charmes de l'instant présent tient-elle à votre hantise de ce qui pourrait bien se passer dans un avenir proche ? Vouloir se préserver des mauvais coups du sort en anticipant tous les dangers potentiels a pour principal effet de gâcher la vie présente. Et si vous mettiez cette énergie à profiter du bonheur présent ?

Plutôt que de vivre dans la perspective de bonheurs ou de malheurs imaginaires, il est préférable de cultiver des attentes réalistes sans perdre pied avec la réalité quotidienne et son lot de petits bonheurs. Le secret est de ne pas attendre d'être heureux mais de cultiver chaque jour le bonheur d'être là, maintenant, avec soi et les autres.

Vibrer au rythme des jours et des saisons

« Ne pensez pas à l'automne. Il viendra bien à temps, tout comme l'hiver. Profitez au contraire du bonheur que vous donnent les vrais beaux jours sous les grands arbres verts. »

Charles Trenet

Témoignage

« J'avais l'habitude de vivre la vie moderne des gens pressés et stressés, jusqu'au jour où tout s'est déréglé. Mon médecin m'a dit que mes défenses immunitaires étaient au plus bas. À chaque changement du baromètre, je deviens plus irritable et plus vulnérable à toutes sortes de maladies. J'ai même commencé à faire des allergies saisonnières. Il m'arrive d'avoir des chutes d'attention au cours de la journée. Mon sommeil est perturbé et j'ai développé des troubles gastro-intestinaux. Autant vous dire que les bons moments, où je profite vraiment de la vie, se font de plus en plus rares. Avant de me prescrire des médicaments, mon médecin m'a questionné sur mes habitudes de vie. Depuis environ trois ans, en plus de mon travail régulier, je fais des remplacements deux nuits par semaine. Mon mari et moi n'avons plus vraiment les mêmes horaires de travail. Parfois, il quitte la maison avant que je ne sois levée. Parfois, c'est moi qui rentre quand il est déjà couché. Il est certain que ces rythmes décalés nous empêchent souvent de partager des moments précieux. Ma baisse de performance m'inquiète aussi. J'ai l'impression de ne jamais pouvoir récupérer toutes mes heures de sommeil perdues, même si les fins de semaine,

nous faisons la grasse matinée. Je n'ai pas eu besoin d'en dire plus. Mon médecin a interrompu ma description pour me dire qu'il me fallait rapidement rétablir un rythme de vie plus régulier si je voulais donner un bon fonctionnement à mon organisme. »

Isabelle, 55 ans

Un peu de théorie

Quand notre horloge biologique se dérègle…

Pas évident de vivre dans l'instant présent, de s'écouter et de profiter de l'existence quand on vit en horaires décalés ! Pour la plupart, nous nous activons le jour et dormons la nuit. En une journée, les périodes diurne et nocturne rythment notre quotidien. Êtres vivants, animaux et végétaux alternent ainsi périodes d'activité et de repos. La plante referme ses pétales la nuit. L'animal se terre pour dormir. Les scientifiques parlent de « rythme biologique » qui suit la ronde des jours et des nuits. Nos performances varient aussi selon les moments de la journée. *« Nous ne sommes pas identiques à nous-mêmes au cours des 24 heures, pas plus qu'au cours de l'année. Nos capacités physiques et intellectuelles varient avec les heures du jour et les mois des saisons »*, explique Alain Reinberg. Ces variations périodiques ont la régularité d'une horloge biologique. Elles permettent de nous adapter aux cycles des jours et des saisons. Mais voilà, nous sommes de plus en plus nombreux à travailler avec des horaires décalés, à voyager par-delà les fuseaux horaires, à commencer notre journée avant le levé du jour et à nous coucher après le crépuscule. Nous respectons de moins en moins notre rythme naturel. Tout cela peut perturber notre organisme. Les horaires de travail ne suivent alors pas notre horloge interne. Dans un monde idéal, nous devrions respecter l'alternance des jours et des nuits, les périodes de repos et d'activité, notre propre rythme biologique au cours du jour.

Remettre les pendules à l'heure

Selon la toute jeune science de la chronobiologie, basée sur la connaissance des rythmes biologiques, respecter l'horloge interne de l'organisme est essentiel à la santé, à la bonne humeur et au bien-être. Il est possible de respecter nos besoins vitaux, jour après jour, si nous écoutons notre horloge biologique en matière de sommeil, d'alimentation et d'activité. Pour cela, posez-vous quelques questions : dormez-vous suffisamment ? Vous levez-vous facilement le matin ? Vous endormez-vous rapidement ? Faites-vous plutôt partie des gens « du matin » ou « du soir » ? À quel moment de la journée êtes-vous le plus en forme et avez-vous le plus d'énergie pour réfléchir ou pour bouger ? Mangez-vous toujours à heure fixe ou à heure variable ? Sachez qu'un enfant, un adolescent, un adulte et une personne vieillissante n'ont pas les mêmes rythmes biologiques ni les mêmes besoins de sommeil. Dans certains cas de fatigue chronique ou de dépression saisonnière, des professionnels de la santé prescrivent de remettre nos pendules à l'heure et de respecter notre cycle pour mieux réguler les activités physiques et cérébrales et se sentir mieux. Il est essentiel de savoir qu'aucun médicament ne peut compenser les effets d'une nuit blanche, du décalage horaire, d'un manque de sommeil réparateur ou l'absence d'exposition à la lumière naturelle. Comme pour tous les êtres vivants, il est préférable de vivre en harmonie avec les cycles des jours et des nuits, au rythme des saisons !

Profiter des beaux jours et des belles saisons !

Pourquoi la plupart des gens semblent mieux profiter de la vie en été plutôt qu'en hiver ? La période des vacances estivales n'est pas la seule raison. En réalité, le « blues » de l'hiver n'a vraiment rien de subjectif. Les journées plus courtes, le changement d'horaire, les températures froides affectent notre humeur. La fameuse « dépression saisonnière » se traduit par une plus grande fatigue, une perte d'énergie, une prise de poids, une vulnérabilité à la maladie. Certains tentent de se soigner à la luminothérapie pour pallier le manque de lumière solaire. Mais l'hiver est aussi la saison idéale pour profiter d'un temps de repos, se blottir et se dorloter dans le confort douillet et chaleureux de son foyer. On savoure un chocolat chaud près de la cheminée ; on lit un bon livre, emmitouflé dans une couverture ; on fait des jeux de société à la lumière des bougies pour oublier la grisaille hivernale. Pour ceux qui aiment la vitalité du froid, inutile d'hiberner, les activités hivernales ne manquent pas : ski, patins, snowboard, randonnée… Chaque saison a son charme et sans le froid de l'hiver, la chaleur de l'été serait moins appréciable ! Profitez des beaux jours de l'été pour faire le plein de soleil (et de vitamine D) et sortir autant que possible. Ce ne sont pas les idées de sorties et d'activités qui manquent. Sachez qu'en toute saison, les médecins recommandent une bonne marche ou une activité physique quotidienne à la lumière du jour, entre 30 et 90 minutes.

À RETENIR

Comment espérer profiter de l'instant présent quand on lutte en permanence contre le manque de sommeil ou de luminosité ? Notre horloge interne est basée sur un cycle de 24 heures et obéit, en principe, à une alternance d'activités diurnes et de repos nocturne. Vivre sur un mode décalé peut avoir des conséquences importantes sur la santé et l'humeur.

Connaissez-vous votre propre rythme biologique ? Au-delà d'un nombre d'heures suffisantes de sommeil, des repas pris à intervalle régulier et quelques minutes au grand air, il est important d'être attentif à sa propre horloge interne. Selon que vous êtes du soir ou du matin, vous serez moins fatigué et plus performant en respectant ces repères biologiques.

Chaque saison a ses charmes et ses bénéfices pour l'organisme. En été, sentez le soleil chaud vous caresser la peau. Au printemps, observez les fleurs éclore et se redresser sur leurs tiges. En automne, respirez la force du vent et désaltérez-vous. En hiver, bénéficiez de la vitalité du froid ou profitez du calme reposant des paysages enneigés.

Vivre le présent
en accord avec soi-même

« La vie, pour être supportable, doit être intensément vécue. La sensibilité s'en empare d'instant en instant et, si elle change, semblable à l'eau qui coule, au moins elle nous emporte en un courant qui peut sembler égal et éternel. »

Giovanni Papini

Témoignage

« Depuis plusieurs années, je vivotais au jour le jour. Au fil de la journée, mon enthousiasme s'effilochait et je languissais le reste du temps. Je marinais dans mon insatisfaction tranquille, sans vraiment avancer. Mes amies me conseillaient de nouvelles activités, d'éventuels débouchés. J'ai longtemps refusé leurs conseils et leurs exhortations. Lorsque je feuilletais les petites annonces, rien ne semblait correspondre à mon profil. Il y avait toujours une qualification ou un trait de personnalité que je n'avais pas. OK, je ne suis pas d'une nature très téméraire. Et puis, un jour comme ça, pour voir, j'ai décidé de changer ma rengaine. Au lieu de répondre « Ce n'est pas pour moi », je me suis mise à dire « Pourquoi pas ? » Je remplaçais mon « non » usuel par un « peut-être ». Et hop ! Me voici à mille lieues de ce que j'aurais imaginé faire un jour. Et vous savez quoi ? J'adore ma nouvelle vie. Il n'y a pas une journée pareille. Ma chef m'a dit qu'elle avait tout de suite senti que j'étais la bonne personne à la bonne place. « Ah bon ? » Enfin ça, non, je me suis bien gardée de lui montrer ma surprise. Depuis cette expérience enrichissante, j'ai cessé d'avoir une vision

étriquée de ma petite personne. Je découvre mes ressources au fil de mes expériences. Même si mon emploi actuel ne correspond pas exactement à mes objectifs, je tire avantage de chaque nouvelle expérience pour mieux me connaître. Il suffit d'un peu de soleil pour laisser fleurir ses talents. »

Laurence, 27 ans

Un peu de théorie

Se réconcilier avec soi-même

Être heureux dans l'instant présent donne l'impression de ne faire qu'un avec ce qui est. Rien ne vient troubler le plaisir d'être ici et maintenant. La personne est tout entière dans son désir, comblée, remplie et rassasiée. Un moment plutôt rare pour ceux qui se sentent en permanence déchirés par des envies contradictoires. Divisés, pris entre leur besoin, leurs souhaits et leurs actes, écartelés à l'idée de devoir choisir entre deux options possibles, ils sont en désaccord avec eux-mêmes. Ils font parfois le contraire de ce qu'ils souhaitent vraiment. Même les échappées belles sont l'objet de conflits internes. Au moment où ils se sentent en harmonie avec eux-mêmes, ils sabotent cet instant magique. Ils ne parviennent pas à vivre le moment présent, à en profiter. Lors d'un bon repas arrosé, une petite voix leur souffle que ce n'était pas raisonnable de boire autant. Il leur est si difficile de mordre dans un gâteau sans remords, de profiter de la fête sans torpiller leur plaisir par des pensées culpabilisantes. Résultat : ils sont là sans être là. Ils sont désunis face à leurs propres désirs. Ils jouent avec leur enfant en pensant à leur client et discutent avec leur client en songeant qu'ils devraient passer plus de temps avec leur enfant. Pour se réconcilier avec eux-mêmes, il leur faut adhérer à leurs désirs, les assumer pleinement. Vivre en accord avec soi demande de se mettre en phase avec ses désirs et ne faire qu'un avec le moment présent !

Se laisser inspirer par ses désirs

« Se brancher sur ses désirs est essentiel pour apprécier l'instant présent. Lorsque nous agissons à l'encontre de nos désirs, nous laissons s'échapper le plaisir d'être soi-même, pleinement en accord avec soi. Nous ne pouvons pas être heureux comme ça. L'unité de la personne se trouve dans cette cohérence avec soi. Être pleinement soi-même, en ressentant le bonheur de se retrouver face à soi, réconcilié, seulement un, c'est trouver le chemin de la paix intime, » affirme Denise Desjardins. Cette spécialiste de la tradition chinoise et hindoue, auteur du *Bonheur d'être soi-même*, puise, dans la philosophie du néoconfucianisme et du néotaoïsme, les principes pour devenir soi-même, en accord avec sa vraie nature. *« Un moi-même que je pressens plus authentique, qui me donnerait un goût de moi qui enfin me contente, une saveur de tranquillité, un accord, comme des notes de musique soudain assemblées en symphonie »*, écrit-elle. Pour y parvenir, il importe, selon l'auteur, de vivre selon soi-même, spontanément, c'est-à-dire suivre son naturel en renonçant à l'imitation, aux doutes, à la superficialité, laisser chaque chose être ce qu'elle est, sans l'arrêter ni l'obstruer ni vouloir la changer. Cet art de vivre repose sur l'écoute de son inspiration selon l'impulsion du moment. C'est, selon son maître indien Swâmi Prajnânpad, la seule voie pour accéder à cette liberté intérieure et cesser de régler sa conduite sur des règles ou des tabous plutôt que sur les choses intérieures.

Élargir la conscience de soi

Vivre, ce n'est pas toujours s'obliger à faire ce que l'on ne désire pas. Pour vivre selon ses désirs, il peut être nécessaire d'élargir sa conscience de soi en allant au-delà de la perception qu'on a de soi et de l'image qu'en ont les autres. Nous pensons bien nous connaître et savoir de quoi nous avons besoin, de quoi nous sommes faits. Ceci est une illusion. Certaines personnes se limitent elles-mêmes dans l'accomplissement de nouvelles expériences pour le motif que cela ne « cadre » pas avec ce qu'elles pensent d'elles-mêmes, avec l'image qu'elles ont élaborée d'elles-mêmes. Ce faisant, elles évitent des occasions d'expérimenter de nouvelles situations, propices à la découverte de soi, au renouvellement de ses idées ou à l'acquisition de nouvelles compétences. Une conscience de soi limitée équivaut souvent à une représentation figée de sa personnalité. Imaginez que vous fassiez un « arrêt sur image ». Diriez-vous que cette image vous représente totalement ? Probablement pas. Pourtant, lorsque vous cherchez à aligner vos actions sur ce que vous imaginez être, en fonction de cette image que vous vous êtes forgée, vous vous autocensurez. Même inconscientes, ces censures que l'on s'impose parfois à soi-même peuvent conduire à passer à côté d'expériences enrichissantes et, au bout du compte, générer de l'insatisfaction. Allez, il est temps de faire « peau neuve », d'explorer certaines zones inconnues de votre personnalité et de vivre des instants inattendus et privilégiés !

À RETENIR

Vous n'êtes pas seul à penser qu'on ne fait pas ce qu'on veut dans la vie ! Est-ce une raison pour aller à l'encontre de ses désirs ? Pour ne faire qu'un avec le présent, il est temps de sortir de vos contradictions internes. Vivre séparé de ses désirs ou écartelé entre des désirs contradictoires empêche d'entrer tout entier dans la jouissance de l'instant.

Et si, lorsque nous nous sentons divisés ou tiraillés, nous écoutions vraiment ce que nous inspire notre réel désir, sans l'entraver du pouvoir de notre raisonnement ou de notre jugement ? Privilégiez des activités que vous aimez ou qui vous tiennent à cœur. Quand on effectue une tâche qui nous rebute, il est rare que l'on s'y consacre à fond.

La meilleure façon de résister à cet élan vers plus de liberté intérieure est de s'enfermer dans une image rigide de soi. Se mettre à l'épreuve à travers de nouvelles expériences (et se surprendre soi-même) peut être une belle façon d'élargir sa vision de soi, de découvrir de nouvelles facettes de sa personnalité, et de s'ouvrir à de nouveaux plaisirs !

Jouir de l'instant présent sans culpabilité

« Quand je danse, je danse ; quand je dors, je dors ; [...] quand je me promène solitairement en un beau verger, si mes pensées se sont entretenues des occurrences étrangères quelque partie du temps, quelque autre partie je les ramène à la promenade, au verger, à la douceur de cette solitude et à moi. »

Montaigne

Témoignage

« Mon père est chirurgien et ma mère médecin généraliste. Depuis mon enfance, j'ai vu mes parents travailler sans compter leurs efforts. Leur vie entière a été consacrée à remplir leurs obligations et à se sacrifier au travail. À mon tour, je me suis dirigé vers des études de médecine. J'ai vécu mes années de jeunesse penché sur ma table d'études. Je ne m'accordais aucune distraction et déclinais la plupart des sorties. Encore aujourd'hui, même si je suis marié et à l'aise financièrement, je sors peu pour le plaisir. J'ai les moyens d'aller au cinéma, au restaurant plusieurs fois par semaine et, même, de partir en vacances à l'étranger. Pourtant, je me sens mal si je n'occupe pas mon temps utilement. Dans ma famille, il était mal vu de ne rien faire. Ne pas être occupé soi-même par des affaires utiles ou intelligentes ou ne pas s'occuper des autres était considéré comme une perte de temps. La paresse était tenue en horreur. Peut-être en raison de cette éducation, je culpabilise de faire des activités par plaisir. Il y a trois mois, mon épouse m'a offert un bon cadeau pour une journée de Spa. Mais,

chaque semaine, je trouve une bonne raison pour ne pas y aller. Et même si je me décidais à m'y rendre, j'ai l'impression que mon plaisir serait gâché par mon sentiment de culpabilité. Je me sens en devoir d'être au travail ou, si je prends une journée de congé, de faire tout ce qui peut être utile à la maison. Je ne sais pas m'octroyer des plaisirs juste pour le plaisir. »

Marc, 47 ans

Un peu de théorie

Sous la pression des obligations

Assumer ses responsabilités tout en profitant des plaisirs que la vie peut offrir : c'est l'équilibre qu'aimeraient atteindre la plupart des gens. Mais lorsque la pression des obligations est la plus forte, il arrive que nous nous laissions déborder au point d'oublier de penser à nous et à nos envies. Sans doute, nous mettre la pression peut nous propulser vers l'avant, nous procurer une bonne dose d'adrénaline et combler notre besoin de vivre intensément chaque heure ou chaque jour. Mais passé un certain seuil, toute cette pression accumulée peut nous déborder, nous mettre en panique et faire basculer notre organisme dans un état de stress. C'est alors le stress qui nous gère et non plus nous, qui gérons cette pression. Parfois, avec ou sans la pression des obligations, nous nous soumettons nous-mêmes à un stress épuisant. Ce mode de fonctionnement consiste à toujours agir par « devoir » en plaçant son sens des responsabilités au-dessus de tous ses autres besoins. Dans cet état d'esprit, la personne résiste à la tentation de jouir des plaisirs de la vie pour le motif qu'elle ne peut se soustraire aux obligations qu'elle s'impose à elle-même. Une conséquence de cette attitude psychologique est le sentiment de culpabilité qui accompagne la pensée toute puissante des devoirs et des obligations. Comment cette personne pourrait-elle s'abandonner au moment présent si rien ne peut attendre, si tout est perçu comme une obligation, si l'ensemble de sa vie répond à une nécessité ?

Se délivrer du « forcing » des devoirs

Le plaisir de vivre l'instant présent est celui que l'on prend à apprécier cet instant-là simplement pour le bien-être ou le plaisir qu'il procure même s'il ne se passe aucun événement extraordinaire. La capacité à profiter de l'instant présent exige donc de pouvoir (au moins de temps en temps) sortir du carcan des obligations comme les « tu dois », « il faut », « pas de temps à perdre », « le temps, c'est de... ». Être constamment dans ce type d'injonctions peut détruire toute votre énergie et nuire à votre santé. Les personnes ayant un sens aigu du devoir cèdent plus facilement aux pressions extérieures. Elles accroissent encore ces pressions sous l'effet de leurs propres exigences. Or, ce ne sont pas toujours les contraintes extérieures qui les forcent à agir ainsi mais, plus sûrement, leur propre conscience du devoir ou du sacrifice, ou leurs propres idéaux. Pour aider les personnes très stressées à se ménager des moments de repos mental, Mike George, spécialiste de la relaxation, leur propose d'imaginer qu'elles ont la possibilité, à tout instant, de se retirer dans leur loge, à l'image des acteurs qui savent se détendre et se ressourcer dans cet espace privé. *« Lorsque le stress devient insupportable, isolez-vous dans votre loge : après tout, c'est l'un de vos privilèges d'acteur. Dans cet espace mental, au calme, faites le vide dans votre esprit, ne pensez plus à rien. Une fois que vous aurez retrouvé votre calme, retournez sur le « plateau » et reprenez vos tâches. »*

Lâcher-prise sur les « il faut que »

Faites-vous partie de ces personnes pour qui une longue suite de devoirs et d'obligations conduit à reporter continuellement le moment de marquer une pause, de s'amuser et de prendre du temps pour soi ? Si vous vous reconnaissez dans cette existence de renoncements, il est temps pour vous d'apprendre à ouvrir aussi la porte au plaisir de vivre pleinement votre vie. Au lieu de vivre constamment confiné dans la conscience de devoir, commencez par prendre conscience de toutes les obligations que vous vous imposez de votre propre chef. Ainsi, commencez par être attentif à vos expressions comme « il faut que… », « je dois absolument… », « cela ne peut attendre ». Dès que ces expressions apparaissent dans votre vocabulaire, repérez-les aussitôt. Puis, décidez de les remplacer par d'autres expressions qui vous donnent le choix comme « je souhaite que… », « je désire… », « je choisis… ». À mesure que vous renoncerez à utiliser un vocabulaire contraignant, vous gagnerez peu à peu en sérénité. Faites ce même exercice lorsque vous vous adressez à d'autres personnes. Dites plutôt « je souhaiterais… », « nous pourrions… », « essayons de… ». Enfin, essayez de ressentir les effets de ce changement de vocabulaire sur votre perception des tâches et des contraintes. Puis, ouvrez progressivement la porte à la réalisation de gestes inutiles, d'actions gratuites pour le simple plaisir que cela vous procure. Le quotidien prendra une nouvelle saveur à laquelle vous pourriez prendre goût.

À RETENIR

Lorsque vous cédez aux pressions de votre juge intérieur par des « il faut » ou des « je dois », votre sens aigu du devoir renforce le poids des obligations et des contraintes. Or, votre conscience exagérée du devoir brime vos autres besoins fondamentaux, dont celui de vous octroyer le droit de goûter le bonheur simple des menus plaisirs.

Vivre constamment dans le devoir revient un peu à vivre avec un corset. Enfermé dans le carcan des règles à suivre ou des gestes à poser à tout prix, on s'expose à se couper des bienfaits que procurent les plaisirs, dont l'un est de chasser stress et fatigue. Retirez-vous de temps en temps dans votre loge pour en ressortir serein et avide de nouvelles joies.

Choisir d'assumer positivement ses responsabilités, plutôt que de s'y soumettre sous le poids de votre conscience stricte, commence parfois par un changement de vocabulaire. Décidez de remplacer toutes vos injonctions mentales par des tournures de phrases plus souples, laissant place à plus de liberté personnelle comme « je choisis… » ou « je souhaite … ».

Partager un moment de profonde amitié

« Tandis que dans nos rapports ordinaires avec les autres hommes nous ne parvenons le plus souvent à la cordialité qu'en lui sacrifiant l'ardeur de nos pensées, la seule amitié nous révèle une vie intense et, par un miracle, tendre et cordiale cependant.
Un ami ouvre en nous les chambres fermées. »

Jean Guéhenno

Témoignage

« Il y a les amis à qui vous voulez du bien et avec qui vous vous sentez bien. Et il y a Pierre, ce « faux » ami, l'ami sous son mauvais profil. Ce gars, qui prétend être mon ami, répand son amitié comme des cartes de visite. Même ses soirées amicales ressemblent à des plaisirs artificiels. « Quel plaisir de te voir ! » est sa phrase favorite. Il dit cela à tout le monde. Ses poses aux côtés de ses amis font penser à une photo « personnalité de l'amitié de l'année ». Ses rires résonnent plus forts que les voix de ses convives. Résultat : il n'entend que lui. Il donne l'impression d'être en service commandé agissant sur l'ordre supérieur d'être sympathique. Je pense que ce qui m'agace le plus chez lui, c'est sa façon de toujours vouloir démontrer son amitié par des signes extérieurs d'amitié, offrant un cadeau à l'un, payant le restaurant à l'autre. Un jour, paf ! mon exaspération a éclaté, sans complaisance. « Fous-moi la paix avec ton amitié ! ». C'était la première fois que je le voyais désarçonné. Il a voulu qu'on s'explique. Je lui ai dit le fond de ma pensée. Personne n'est dupe sur la

qualité de sa marchandise, son amitié prépayée, toujours prête à l'emploi. Silence brutal. Il m'a écouté sans parler (pour une fois !). Puis il m'a demandé pardon. Il semblait sincèrement désolé. Nous avons parlé, longuement. Chacun s'est ouvert à l'autre, avec précaution cette fois-ci. J'ai découvert un homme attentionné, capable d'un réel intérêt pour les sentiments de ses amis. »

Julien, 29 ans

Un peu de théorie

L'amitié, grandes démonstrations et petites attentions

Quoi de mieux que de profiter de l'instant présent avec un ou plusieurs de ses plus proches amis ? À condition, toutefois, de ne pas se tromper de « casting » ! La franche camaraderie entre amis a peu à voir avec l'éloquente sympathie envers des connaissances. Mais les deux peuvent se confondre. L'amitié rime avec l'authenticité. Et dans ce domaine, de petites attentions valent souvent mieux que de grandes démonstrations. La différence entre amis et relations est souvent dans l'intention. La véritable amitié se passe de but. Elle est désintéressée. C'est dire que les « vrais » amis s'intéressent sincèrement à ce que leurs proches vivent, pensent et ressentent. Ils ne cherchent pas à gagner la sympathie des personnes par toutes sortes de cadeaux, flatteries, gentillesse intéressée, et autres artifices. Dès que les démonstrations d'amitié deviennent très appuyées, elles montrent surtout une attention « forcée », superficielle, à l'autre et peuvent être vécues comme un cadeau imposé. Les plus belles preuves d'amitié sont, au contraire, dans la générosité du cœur, l'écoute sincère, le partage des hauts et des bas de la vie, les secrets bien gardés, la solidarité à toute épreuve… C'est aussi savoir rire des mêmes blagues, s'ouvrir aux confidences, préserver l'autre de sa mauvaise humeur, apaiser les gros chagrins, encourager un ami qui doute de lui… Et c'est surtout se réjouir du bonheur qu'on lit dans les yeux d'un ami heureux et être capable de le féliciter sincèrement.

« Les Copains d'abord » (Georges Brassens)

L'amitié joue souvent un rôle inestimable dans notre qualité de vie. « Les Copains d'abord », chanté par Georges Brassens, c'est d'abord le plaisir de moments partagés et, aux yeux de certains, l'un des plus grands bonheurs de cette vie. Toute amitié démarre par une rencontre. La beauté de cette rencontre vient de ce qu'elle naît sans être préméditée. Quelques affinités ou complémentarités attirent deux personnes l'une vers l'autre. L'une apprécie cette sensation d'avoir la même vision des choses, les mêmes valeurs, le même sens de l'humour. Pour une autre, c'est plutôt les différences qui enrichissent et nourrissent une relation d'amitié à travers des discussions, des débats sur comment refaire le monde. Et vous, sur quoi est basée votre amitié ? Que vous apportent vos amis ? Jules Renard disait : *« Il n'y a pas d'ami, il n'y a que des moments d'amitié »*. Et si c'était plutôt la somme de ces moments partagés qui forgeait les liens d'amitié au fil des rencontres et des confidences ? Pour que cette magie de la rencontre opère, il est préférable de laisser tomber son jugement sélectif, de dépasser le stade des apparences et des premières impressions. Imaginez que tout ce qui domine votre attention soit l'accent ou l'allure du nouveau venu. Comment espérez-vous entrer en relation avec cet inconnu ? Et si on se contentait d'émettre des hypothèses sans rien préjuger à l'avance ? Il serait dommage de passer à côté d'une belle amitié à cause de quelques idées reçues !

Petits plaisirs complices entre amis...

« L'amitié double les joies et réduit de moitié les peines », écrivait Francis Bacon. Un moment passé avec un ou plusieurs amis peut être riche d'émotions et source de bien des plaisirs. Faites l'exercice de visualiser les meilleurs moments passés avec un ou des amis. Quelles images vous viennent à l'esprit ? Que faisiez-vous ? Où

étiez-vous ? Qu'avez-vous échangé ? Comment avez-vous vécu ce moment ? Aimeriez-vous répéter cet instant inoubliable ? De quelle façon ? Encore faut-il cultiver les relations d'amitié ! Dressez une liste d'activités que vous affectionnez particulièrement de faire avec des amis. Cela peut être : partager un bon repas, discuter autour d'un café, assister ensemble à un match, aller au cinéma, passer une soirée à danser ou chanter du karaoké, téléphoner pendant des heures, partager une activité, se promener ou courir ensemble en se racontant ses dernières aventures sentimentales ou familiales, etc. Pour garder le contact, rien de tel que de leur écrire un petit mot. Vous pouvez aussi leur téléphoner juste pour prendre de leurs nouvelles et leur montrer que vous pensez à eux. Apprécier une présence amicale, c'est aussi savoir communiquer à son ami combien son amitié vous apporte, ce que vous appréciez chez lui ou comme sa présence vous manque. Il est important de se confier sur ce qu'on ressent pour eux et de leur manifester de la reconnaissance pour ce qu'il nous donne. Avoir un ami, c'est précieux…Et il est vrai aussi que plus on a d'amis, plus on rit…

À RETENIR

Dès que la quête d'amitié poursuit un but, comme la reconnaissance sociale ou la valorisation personnelle, l'enjeu n'est pas l'autre, mais l'image de soi dans le miroir social ou le regard de l'autre. L'amitié reste au niveau superficiel des signes extérieurs de sympathie. Ne vous trompez pas sur la nature du lien : relation amicale ou véritable ami ?

Être entouré d'amis et partager des moments privilégiés, c'est un cadeau sans prix. Avant qu'ils ne deviennent vos amis, vous avez appris à les connaître sans jugement de valeur ni préjugés. Et voilà une autre beauté de l'amitié : une relation née de la complicité non préméditée entre deux personnes. La fidélité ne vient qu'ensuite.

L'amitié est une relation qui se cultive et s'entretient. Prenez un moment pour penser à toutes les activités que vous aimez partager avec vos amis. Nourrissez votre relation par toutes sortes de petits gestes d'amitié qui expriment votre désir de faire plaisir à l'autre. Agrandissez votre cercle d'amis en ne laissant aucune porte fermée !

Détendre et dynamiser son corps régulièrement !

« Avec la montagne, on se découvre roseau, poussé à percer des trous aux bons endroits pour que le souffle de la vie passe, et qu'il en sorte la plus belle musique possible. »

Lionel Daudet

Témoignage

« Quand j'étais jeune, je pouvais me réveiller à six heures du matin pour aller faire une centaine de kilomètres à vélo. Avec le temps, les horaires chargés, la vie de famille, j'ai espacé mes sorties jusqu'à ranger définitivement mon vélo. Un jour, je me suis retrouvé en arrêt maladie pour un mois. Mon médecin m'a conseillé des activités physiques adaptées à mon âge. Pour tout vous dire, je n'étais pas très motivé. Et puis, je me sentais déjà en forme et mobile. Il a insisté, mon rétablissement serait plus long sans sport. J'ai donc pris rendez-vous avec un entraîneur sportif, me préparant mentalement à me retrouver chaque matin sur ces appareils d'entraînement cardiovasculaire ou de musculation. L'entraîneur m'a expliqué : « Si la seule chose à laquelle vous pensez, c'est de faire du sport pour investir dans votre santé, votre motivation ne tiendra pas longtemps le coup. Vous vous porterez mieux si vous aimez cette heure passée à bouger. Le plaisir est le principe de la motivation ». Et de m'interroger sur mes goûts en matière de sports, mes plus beaux souvenirs sportifs, une activité physique qui me fait me sentir bien dans l'instant présent… Je lui ai alors parlé du vélo. Et c'est ainsi que je me suis

remis en selle progressivement. Aujourd'hui, fini les fameux « coups de barre » en pleine journée ! Ma nouvelle forme s'est répercutée sur toutes les sphères de ma vie. Mon corps est plus tonique. Mon état d'esprit est au beau fixe. Je suis au mieux de ma forme. »

Serge, 59 ans.

Un peu de théorie

Entrer dans la course !

Se sentir bien dans sa tête et dans son corps facilite le sentiment d'être dans l'instant présent. Bouger est une activité naturelle qui permet d'améliorer sa forme physique et mentale. Quelle que soit l'activité physique choisie, elle participe d'un mode de vie sain et concerne à la fois le corps et l'esprit. Chacun de nous a déjà pu éprouver la sensation d'avoir gagné en force et en vitalité après une bonne marche rapide, un cours de danse dynamique, une séance de tennis, des longueurs de brasse à la piscine… À mesure que l'on découvre des nouvelles pratiques sportives, la liste des bienfaits ne cesse de s'allonger. Les spécialistes de la santé sont catégoriques : le sport représente la meilleure médecine préventive. Ses effets se font sentir sur la circulation sanguine, l'appareil respiratoire, la densité osseuse, les fonctions cérébrales, la diminution de la graisse, l'équilibre énergétique, le système immunitaire… Mais surtout, un corps en pleine santé, c'est aussi un esprit plus réceptif aux plaisirs de la vie. L'esprit sportif est étonnamment positif. Sans doute la dose d'endorphines sécrétées par le cerveau pendant l'effort y est-elle pour quelque chose. Il est connu que des sportifs de haut niveau ont ressenti une douce sensation d'euphorie comme une impression de flottement, de grâce ou d'extase. Pour goûter aux effets des endorphines, l'entraînement s'impose. Car leur sécrétion dépend de l'intensité et de la durée de l'exercice. Allez, on s'entraîne !

Adopter la bonne posture !

Pour accorder toute votre attention à l'instant présent, il ne faut pas ressentir de gêne ou de douleurs dans le corps, donc apprenez à relâcher les tensions. Il est naturel de se sentir fatigué ou vidé de toute énergie sous l'effet du stress accumulé, de la fatigue physique ou des chocs émotifs. Dans toutes ces situations, le corps réagit en se crispant comme une carapace. À force d'être tendu, le corps peut éprouver des douleurs musculaires, articulaires ou chroniques. Votre concentration peut être moindre et vous pouvez avoir le moral dans les baskets. Pour y remédier, sachez qu'il existe une panoplie de gymnastiques holistiques qui agissent tout en douceur pour vous permettre d'évacuer les tensions. L'univers du yoga agit sur la respiration et la posture pour rééquilibrer le corps et l'esprit par une série d'exercices qui étirent et tonifient les muscles. D'autres pratiques anciennes, comme le tai-chi, se concentrent sur la souplesse et l'aisance des mouvements. Si vous n'avez pas la possibilité de suivre ces programmes d'exercices, essayez ce simple exercice : debout ou assis, soulagez vos tensions en adoptant la bonne posture. Efforcez-vous de prendre une attitude ouverte, décontractée et équilibrée. Tenez-vous bien droit afin qu'aucun muscle ne soit comprimé. Décrispez le visage, décroisez les bras et les jambes, débloquez votre respiration. Veillez au bon alignement des parties du corps. Effectuez des mouvements souples et fluides tout en respirant profondément.

Des exercices pour améliorer sa forme

Pour conserver durablement les bienfaits de cette forme physique, il est recommandé de pratiquer régulièrement un sport. Pensez dès aujourd'hui à prendre rendez-vous avec vous et votre santé. Entraînez-vous. Commencez par inscrire dans votre agenda une activité physique. S'il ne s'agit pas d'un cours à heure fixe mais d'une activité personnelle, agissez de même en prévoyant des périodes d'activités régulières. Il est préférable d'être assidu. Plusieurs choix sont possibles : les activités de loisirs comme la marche, la course, le vélo, la natation, la danse sont idéales pour se sentir mieux et gagner en vitalité et en dynamisme. Les sports de pratiques physiques plus intensives peuvent mieux vous convenir si vous aimez les défis et tester vos limites physiques (tout en les connaissant !). Le sport d'équipe est tout indiqué pour les personnes qui aiment les relations sociales ou recherchent le soutien de l'esprit d'équipe pour persévérer. Les exercices d'étirement et de flexibilité sont conçus pour favoriser l'équilibre, la décontraction et le bien-être. Choisissez en premier le type d'activité qui vous plaît et qui vous correspond le plus. Lors de la pratique d'un sport, allez-y progressivement, à votre rythme et selon vos limites. Rappelez-vous l'expression populaire : « Qui veut aller loin ménage sa monture ! » N'attendez plus et passez à l'action, car c'est aussi cela, profiter de l'instant présent !

À RETENIR

Bouger est une activité naturelle pour mieux profiter de toutes les opportunités de la vie. Quel temps consacrez-vous à faire de l'exercice ? Réservez-vous les activités physiques au cas où vous auriez du « temps à perdre » ? Si c'est cela votre perception du sport, alors il y a de fortes chances que vous ayez besoin d'un peu plus d'exercices.

Si vous êtes tendu, pensez à vous détendre par des exercices d'étirement et de respiration avant d'attaquer un programme de musculation ! Réapprenez à marcher avant de vous mettre à courir ! Les exercices de souplesse et les sports d'endurance peuvent mieux vous convenir que les sports intensifs. Optez pour une attitude décontractée et équilibrée.

Le plaisir de bouger vient en bougeant. Plus vous pratiquerez un sport que vous aimez et plus vous en ressentirez les effets physiques et psychologiques dans toutes vos autres activités. L'important est de choisir la meilleure pratique sportive selon vos goûts et vos capacités. À vos marques, action !

Animer son corps, réveiller sa réceptivité

« Pour danser, il faut partir du rythme du cœur, laisser la respiration ouvrir et soulever les bras, laisser le geste onduler, parce que l'ondulation me semble être le mouvement fondamental dans la nature. Tous les mouvements de la terre suivent les grandes lignes onduleuses. »

Fernand Divoire

Témoignage

« Je n'oublierai jamais cette soirée, celle où j'ai assisté pour la première fois à un grand ballet. Et quel ballet ! Rien de plus beau que Le Lac des cygnes ! Ce n'était pas que la grâce, la beauté et le parfait maintien des danseurs. Au-delà de toute la technique gestuelle et des critères esthétiques, irréprochables, c'était la danse elle-même, avec tout ce qu'elle entraînait avec elle : l'ampleur du mouvement, cette liberté d'expression corporelle, l'aisance des gestes qui se déploient, la force musculaire du corps qui se maintient en équilibre, se laisse tomber sans heurt puis se redresse, le rythme naturel des mouvements avec tous les degrés de vitalité et les changements d'intensité, etc. Voilà ce que j'aimais par-dessus tout : ce lâcher-prise sur toute contrainte et cette énergie libératrice. Des années plus tard, à la fin d'une longue journée épuisante, j'ai retiré mes chaussures et, pieds nus, j'ai commencé à danser sur l'herbe encore mouillée. Je ne réfléchissais pas à mes gestes ; j'obéissais au rythme de la musique que l'on entendait. Elle guidait mes pas. En me voyant danser,

d'autres personnes se sont mises à suivre timidement l'air de la musique. Puis, la nuit tombant, nous étions tout un petit groupe à danser. Nos mouvements se sont enchaînés à un rythme d'abord lent, puis de plus en plus rapide. Toute la fatigue accumulée m'avait quittée. Tout mon corps respirait. Je me sentais agréablement légère, libre et heureuse de vivre. »

Clarisse, 44 ans

Un peu de théorie

Bouger son corps

Bouger son corps, c'est bien plus qu'effectuer des mouvements. C'est ressentir cette énergie circuler dans tout son corps, cette vitalité qui nous active, nous procure de l'énergie et donne vie à ce que nous sommes à l'intérieur de nous. Après avoir fait l'exercice de vous concentrer sur votre schéma corporel dans sa posture et son ancrage au sol, après avoir respiré profondément, c'est le moment de mettre votre corps en mouvement et de ressentir tous les bienfaits sensoriels de ce corps animé d'une extraordinaire énergie. Or, le manque d'exercice peut amoindrir nos sens. Notre vie, de plus en plus sédentaire (et même un peu casanière), tend à nous maintenir immobiles et à nous cantonner dans des espaces fermés. Dans ces conditions, il n'est guère étonnant que toutes les tensions accumulées au cours d'une journée ou d'une semaine, entraînent raideurs, crispations, rigidité musculaire… La pression exercée sur notre corps (mal de dos, douleurs dans la nuque et dans les articulations) altère notre capacité à profiter pleinement de l'instant présent parce que nous focalisons sur notre douleur. Et plus nous nous crispons, plus notre corps bloque la libre expression des sensations et des émotions. Tous ces blocages et toutes ces tensions entravent l'accès au plaisir de vivre, en plus d'affecter la santé. Si vous vous reconnaissez dans ce portrait, il est temps de rendre à votre corps sa vitalité et de lui faire perdre sa cuirasse musculaire. Bougez et libérez l'énergie bloquée !

Retrouver sa vitalité

Quel que soit l'exercice ou l'activité physique que vous avez choisi pour réveiller votre corps, essayez de noter les changements qui se font sentir en vous. N'oubliez pas de prendre, de manière régulière, de profondes respirations pour chasser l'air confiné dans vos poumons. Concentrez-vous sur votre souffle. Essayez de bien relâcher votre corps au moment où vous expirez. Efforcez-vous de ressentir les effets énergisants de l'exercice sur votre corps, la montée en puissance de la vitalité dans vos mouvements. Plusieurs sociétés ont exploré la circulation de l'énergie dans le corps à travers maintes et maintes activités physiques : la danse, les arts martiaux, la marche, etc. Conscients de l'importance de remettre le corps en mouvement, sur un plan sensoriel et thérapeutique, des psychothérapeutes ont développé de nouvelles disciplines pour rétablir la vitalité du corps. Par exemple, le docteur américain Alexander Lowen (1908-2010), auteur de *La Bio-Énergie*, suggère des exercices physiques et de respiration pour faire circuler les énergies bloquées dans le corps. Cette technique revient à faire sortir à l'extérieur, par l'expression corporelle, les émotions rentrées en dedans. La somato-psychopédagogie est une autre discipline née de l'étude des liens entre le corps et le psychisme. Elle vise à se mettre à l'écoute de son intériorité corporelle et utilise la gymnastique sensorielle, un ensemble d'enchaînements de mouvements, pour développer la présence à soi-même.

Une voie d'accès : la danse libre !

Pour bien des danseurs, de tous les temps et de toutes les cultures, la danse est, sans doute, le plus naturel et le plus universel des langages. À l'exemple de la « danse d'expression » de l'allemande Mary Wigman (1886-1973), et sa technique de la « danse libre », la danse n'a cessé d'être explorée comme un mode d'expression de soi. De nombreuses cultures utilisent la danse lors de célébrations traditionnelles. Elle est parfois intégrée à des rituels de guérison, pratiquée tout aussi bien par le malade que par le guérisseur. Il est ainsi reconnu que les mouvements libèrent les sensations réprimées dans le corps. La danse possède une très grande énergie exaltante. Dans cette suite d'idées, la discipline de la danse-thérapie s'est développée avec la mise sur pied, en 1966, de l'American Dance Therapy Association. L'art-thérapeute invite la personne à enchaîner librement des mouvements qui peuvent être improvisés ou non et, tout en dansant, l'aide à prendre conscience des sensations ressenties dans tout son corps. Mais nul besoin d'être un prodigieux danseur ou d'être accompagné par un professionnel pour vous laisser aller à bouger seul ou en groupe. Si le désir vous dit de danser, eh bien dansez maintenant ! Vous pouvez aussi multiplier les plaisirs de bouger en partant à la recherche d'autres styles de danse qui pourraient mieux vous correspondre et vous aider à vous libérer. Quelle façon agréable d'expérimenter ce merveilleux instrument qu'est le corps humain !

À RETENIR

Faire bouger son corps permet de reprendre possession de ses sensations corporelles. Outre le bien-être ressenti à se mouvoir, la personne libère les pressions qui font écran à sa capacité de jouir des plaisirs de la vie. Lorsque vous bougez, apportez une attention particulière à votre respiration et à tous les bienfaits de cet exercice !

Nombre d'auteurs ont insisté sur l'importance de libérer l'énergie et de la faire circuler dans le corps pour chasser les tensions et accroître la vitalité. Quelle que soit l'activité physique que vous choisirez, soyez assidu et vous ressentirez bientôt un meilleur bien-être. De quoi accroître votre réceptivité à tout votre environnement !

Soit. Vous n'êtes peut-être pas le meilleur danseur de votre groupe. Qu'importe ! Du moment que l'envie vous prend de balancer vos bras, de vous déhancher ou de vous lancer dans un jeu de jambes à la façon de Mickael Jackson. Il ne s'agit pas d'une performance mais de lâcher son corps tout entier. Ne vous retenez pas et entrez dans la danse !

Ouvrir son cœur, tendre sa main

« Il y a des gens qui ont en eux la richesse et la joie et qui les communiquent à tous ceux qu'ils touchent. Il importe peu que de tels gens soient riches ou pauvres : ils sont riches parce qu'ils ont une telle opulence et une telle puissance vitale qu'ils confèrent à toute chose de l'intérêt. »

Thomas Wolfe

Témoignage

« Depuis quelque temps, les enfants du quartier couraient partout sur les pelouses. Roger, mon riche voisin, commença à blâmer les parents pour leur manque de supervision. Je lui fis remarquer que ces familles ne pouvaient s'offrir le luxe de partir en vacances et que leur logement était sans doute trop petit pour garder les enfants à l'intérieur. Je faisais cette observation sans jugement de valeur et sans arrière-pensée. Mais, à ma grande surprise, il s'écria avec une étincelle dans le regard : « Je pourrais leur ouvrir la porte de ma grande résidence du bord de mer. Elle est libre tout l'été ! » Il éclata de rire en voyant mes yeux ronds. À ma grande honte, je n'aurais jamais cru cet homme, si choyé par la vie, capable de réelle compassion. Je découvris un homme sincère, capable de dépassement de soi. Il mit son plan à exécution avec l'aide de la ville pour accueillir des familles dans sa maison secondaire tout l'été. Ce geste désintéressé et généreux a fait beaucoup de bien à ces familles démunies. Je le lui dis. « Comment pourrais-je profiter pleinement de mes vacances quand des enfants n'ont pas la même chance de s'amuser ? », me répondit-il. Il ajouta : « On reçoit toujours quelque chose en retour de ce qu'on donne. Pour moi, c'est le bon-

heur d'avoir vu la joie sur le visage de ces mômes vivant à côté de nous, ne serait-ce que le temps d'un été ! » Cet homme avait plus de générosité en réserve qu'il n'en laissait paraître. Une belle leçon de vie. »

Victor, 62 ans

Un peu de théorie

Faire preuve de compassion

Faire preuve de compassion intensifie le plaisir de vivre. Les personnes douées de compassion profitent davantage d'instants privilégiés qu'une personne repliée sur elle-même. Tournées vers les autres, attentives à leurs besoins, elles savent ressentir en elles les bienfaits d'une main posée sur l'épaule, d'un mot d'encouragement, d'un sourire compatissant... Plusieurs qualités sont liées à la compassion : l'empathie, la bienveillance, la gentillesse. Ces qualités ont en commun l'ouverture du cœur. Des pensées empreintes de compassion découragent la haine, les reproches et les désirs de représailles. Au lieu de juger négativement un enfant qui piétine votre pelouse, une personne pleine de compassion questionne la situation au lieu de sévir. Elle sait que peu de personnes se comportent mal sciemment, avec la volonté de nuire, que leur attitude cache quelque chose de plus profond. Aussi évite-t-elle de porter des jugements de valeur sur un comportement insensé. Faire preuve de compassion conduit à privilégier l'attention et le choix d'une bonne explication sur les sentiments de colère et de ressentiment. La pratique et l'habitude de la compassion renforcent aussi les liens entre les personnes. Une personne compatissante sait se mettre à la place des autres, ressentir ce qu'ils ressentent et se rapproche d'eux par leurs sentiments partagés. Cette faculté la rend enfin plus apte à éprouver de la gratitude envers les autres qu'à blâmer les proches pour les déceptions vécues.

Faire l'expérience du don de soi

Faire l'expérience du don de soi, c'est donner à l'autre de soi-même, c'est-à-dire de sa présence entière, de tout son être. Nous expérimentons pleinement le don de soi quand nous donnons sans rien attendre en retour, sans monnaie d'échange. Qui n'a jamais ressenti cette excitation à offrir de son temps, de son expérience ou de l'argent pour le simple bonheur de faire plaisir ou d'être utile ? Pour certaines personnes, donner aux autres après avoir elles-mêmes tant reçu est une chose qu'elles font naturellement, sans réfléchir. Ces personnes généreuses peuvent avoir plus de plaisir à donner qu'à recevoir. Pour d'autres, ce n'est pas toujours un juste retour des choses mais une volonté d'apporter aux autres ce qui leur a manqué dans la vie. Parmi ces personnes, certaines extrêmement dévouées en font une occupation à temps plein, par exemple à travers le bénévolat. Donner et prodiguer leur aide leur procure une joie absolue, une grande satisfaction. De façon générale, le plus grand don est ce qu'on offre de plus singulier et de plus personnel à une autre personne. C'est ainsi que donner un temps de réelle attention à une personne qui en a besoin peut procurer plus de joie qu'un cadeau acheté en quelques minutes dans un magasin. Tous les instants de bonheur que vous semez (gratuitement) au cours de votre vie se transformeront peut-être un jour en de précieux souvenirs. Ne tournez jamais le dos à une marque d'affection. Recevoir, c'est aussi une façon de donner en retour.

Pour l'amour d'un homme, d'une femme, d'un enfant…

La compassion, le don de soi, la générosité et la gratitude sont des qualités à la portée de tous. Il est possible de pratiquer ces qualités du cœur en étendant votre attention au-delà du cercle restreint de la famille et des amis. Demandez-vous où va votre cœur. Si vous en avez la possibilité, rejoignez une cause bénévole qui vous tient à cœur. Il suffit parfois d'un regard, d'un sourire, d'une parole ou d'un geste pour embellir la journée d'une personne en souffrance. Pour cultiver ces attitudes bienveillantes, il peut être nécessaire de changer des habitudes de pensée. Ainsi, habituez-vous à aimer au présent plutôt qu'au conditionnel. Sachez qu'aimer une personne à la seule condition qu'elle pense comme vous, qu'elle vous ressemble et que vous vous comprenez ou seulement en retour d'une conduite irréprochable, ce n'est pas de l'amour mais un bien mauvais calcul. Apprenez à communiquer avec bienveillance avec vos enfants, votre conjoint, vos collègues, vos amis et toute personne rencontrée par hasard. Vous démontrez ainsi que vous vous souciez d'eux autant que vous respectez leurs sentiments et leurs opinions. Prenez l'habitude de traduire votre amour en gestes et en actes. N'exprimer son amour qu'en paroles, c'est comme s'aimer à distance. Renforcez les liens avec ceux que vous appréciez, et sentez la force de cette affection partagée. Finissez votre journée par une pensée de gratitude envers ceux qui ont croisé votre route et vous ont permis de devenir meilleur.

À RETENIR

« Si vous voulez que les autres soient heureux, pratiquez la compassion. Si vous voulez être heureux, pratiquez la compassion », a dit le dalaï-lama. Développer sa capacité d'empathie, cultiver des pensées bienveillantes envers les autres, exercer au quotidien sa gentillesse… sont des manières de pratiquer la compassion et l'ouverture du cœur.

Ce n'est pas un hasard si la bienveillance rime avec la bienfaisance. En se souciant des autres comme de soi-même, on leur veut du bien et on leur fait du bien. Sachez ressentir l'excitation de donner sans calculer et sans compter sur une récompense en retour, et savourez les effets de votre générosité en gardant en vous la trace du bonheur d'autrui.

Ne gardez pas votre gentillesse en réserve. Imaginez toutes les façons de semer un peu de bonheur autour de vous au quotidien. Sachez capter toutes les attentions des autres à votre égard. Habituez-vous à ressentir de la gratitude pour tout ce que vous aurez reçu. Vous n'en serez que plus reconnaissant et généreux envers les autres. Transmettez au suivant…

S'émerveiller de la vie avec les enfants

« Je suis toujours heureux lorsque je te revois ; ton œil vif et brillant, ta pure et douce voix, ont un charme qui me rend ma jeunesse. Viens, enfant ! Que ton père à tes côtés renaisse ! »

Victor Hugo

Témoignage

« Je me souviens de cet après-midi inoubliable. Ma conjointe a eu l'idée de sortir en famille. Direction : le labyrinthe ! Pourquoi pas ? Notre fils Guillaume était si heureux ! Dans la voiture, il fredonnait ses airs de comptines apprises à l'école. J'étais absorbé par ma conduite et ma conjointe regardait par la fenêtre. Puis, nous nous sommes retrouvés dans le labyrinthe de haies. Au centre, se trouvait un indice devant nous conduire à un jardin secret. Aussitôt, nous nous sommes mis à courir dans tous les sens, en quête d'un couloir menant à un autre couloir. À chaque fois que nous tombions dans une impasse, nous éclations de rires et nous repartions en trombe dans une autre direction. Nous avons tellement couru. Nous nous sommes tellement perdus que le jeu prenait l'allure d'un enjeu de survie en pleine nature. Chacun se mettait à crier. « C'est par là ! » et nous courions dans un nouveau couloir. Au bout d'un moment, nous sommes parvenus au centre du labyrinthe et avons mis toutes nos énergies communes à trouver la solution à l'énigme. L'aventure de cet après-midi n'était pas achevée. Il nous restait à trouver le jardin secret où nous attendait le gardien de la forêt. Main dans la main, nous avons marché et nous nous sommes raconté toutes sortes d'histoires sur les sortilèges que pourrait nous lancer ce gardien des lieux secrets. Le soir, avant de se

coucher, Guillaume nous parlait encore avec émotion de tout ce qu'il avait éprouvé toute l'après-midi. »

David, 42 ans

Un peu de théorie

Laissez-vous gagner par leur vitalité !

Les jeunes enfants ont cette aptitude naturelle à profiter de l'instant présent sans avoir besoin d'y réfléchir. Bien au chaud dans leurs vêtements, le ventre plein, ils sont éveillés à tout ce qu'il se passe autour d'eux. Un petit rien retient toute leur attention : l'intonation d'une voix, la forme d'un objet, la vue de couleurs flamboyantes, de petits chatouillements... Et si grâce à eux, on retrouvait notre bonheur d'enfance, le temps d'une petite pause dans notre journée chargée, l'espace d'un bref instant dans notre dur quotidien ? Observez la joie d'un enfant qui s'élance vers le ciel, suspendu à une balançoire. Son émerveillement, sa stupéfaction. Regardez comme la vie est merveilleuse pour cet enfant qui compte les nuages dans le ciel. Admirez la sensation de conquête de l'enfant qui court à s'en couper le souffle. Ressentez l'ivresse de son exaltation à sauter par-dessus de hautes herbes. Il n'y a nulle morosité, nulle tristesse dans la vie d'un enfant comblé à cueillir tant de petits plaisirs fugaces qui s'ouvrent à lui. Prenez-en conscience : son monde plein de vitalité et de surprises, de plaisirs simples, est tout simplement merveilleux. Leur bonheur est toujours à portée de main. Qu'attendons-nous pour explorer le monde avec eux comme si c'était nouveau et se laisser gagner par la magie de leur vitalité toute neuve ! Il n'y a pas de mal à replonger dans l'enfance, de temps en temps, pour retrouver la source des plaisirs que l'on a oubliés en grandissant.

Voire le monde avec des yeux d'enfants

La vie d'un enfant est une perpétuelle découverte. Son seul guide pour vivre intensément l'instant présent : l'émerveillement. Arrêtez-vous un moment pour regarder jouer un jeune enfant : ses yeux qui clignotent de surprise, sa bouche ronde de concentration, ses petites mains encore malhabiles, il tourne et retourne un jouet comme pour en dévoiler tous les secrets. N'importe quel détail semble avoir de l'intérêt pour lui. Un enfant jouit de la vie avec ses cinq sens comme pour capter une infinité de sensations nouvelles et toujours un peu plus d'informations sur le monde. Les enfants savent tirer plaisir des choses les plus simples de la vie. Leur capacité à s'émerveiller accroît les effets de surprise et les sensations de plaisir. Nous sentons tous intuitivement que sans plaisirs fugaces, la vie deviendrait vite terne. Alors, autorisez-vous, de temps en temps, à voir le monde avec des yeux d'enfant, à porter un regard neuf sur la vie. Prenez votre enfant par la main et partez à la découverte des minuscules parcelles de votre environnement. Émerveillez-vous avec lui. Soyez attentif à ce qui attire son attention. Voyez briller ses yeux d'excitation à la vue d'une libellule aérienne posée sur un gros caillou. Regardez-le approcher d'un minuscule filet d'eau qui coule sur l'herbe ou se pencher vers les gouttes de rosée sur une feuille. Comme lui, levez la tête sous une pluie de feuilles d'automne ou de pétales de fleurs. Sentez-vous la magie de l'instant présent ?

Petits jeux enfantins et câlins affectueux

À quoi aimez-vous jouer avec vos enfants ? La question mérite d'être approfondie. Partager des instants inoubliables avec des enfants commence par faire des activités avec eux. Y a-t-il une ou des activités qui vous plaisent mutuellement ? Car à ce jeu-là, si vous faites semblant de vous amuser sans profiter pleinement du moment partagé, cela se sent et se ressent. Votre enfant n'est pas dupe. Voici quelques suggestions qui pourraient vous séduire. Faites voler un cerf-volant dans le ciel en haut d'une petite colline. Partez en expédition dans un parc zoologique. Construisez une cabane en bois. Sortez votre carte aux trésors après avoir caché vous-même quelques objets ou friandises dans la nature. Allez ramasser des châtaignes ou cueillir des pommes de pin. Parfois, un simple bâton et une paire de jumelles suffisent à transformer une simple promenade en véritable randonnée d'exploration. Prenez en photo des parcelles du paysage. Profitez de l'atmosphère des paysages et du décor pour inventer des histoires fantastiques en chemin. Le monde imaginaire des enfants est rempli de créatures extraordinaires et d'aventures palpitantes. Lisez-lui chaque soir une nouvelle histoire. Chantez ensemble des airs joyeux. Imaginez de nouveaux jeux. Allez rendre visite à la famille élargie avec des cadeaux fabriqués (dessin, petit bouquet de fleurs, pot de confiture maison...). Il n'y a aucune limite à votre imagination.

À RETENIR

Sachez profiter de l'instant présent avec vos enfants et sachez vous inspirer de leur aptitude à saisir tous les petits plaisirs fugaces de l'existence. Vous croyez ne plus rien avoir à apprendre de votre environnement ? Détrompez-vous. Il suffit parfois de changer votre regard sur le monde pour se laisser surprendre et le redécouvrir complètement.

Allez explorer le monde avec votre enfant et voyez comment il apprécie chaque petit bout de son univers comme un instant de paradis. La magie se trouve parfois dans de minuscules petites choses passées inaperçues : un rayon de soleil sur une bulle de savon, le vol majestueux d'un oiseau, une étoile filante qui brille dans le ciel…

La vie avec les enfants est faite de petits instants précieux : un sourire échangé, des rires partagés, des câlins enlacés… Parlez à vos enfants de vos rêves, racontez-vous des histoires imaginaires, embellissez votre quotidien de jeux imaginaires n'ayant d'autres buts que de vous amuser. Appréciez leur monde dénué de barrières, où tout est possible.

Se ressourcer au contact direct de la nature

« Capturer cet instant harmonieux. S'insérer dans le courant du temps. Percevoir le battement de l'existence qui passe. La vie est une succession d'instants. [...] Être à l'écoute de la nature pour retrouver ses racines et s'ancrer dans la réalité. »

Hubert Reeves

Témoignage

« Il y a un mois, je n'avais plus goût à rien. Je m'en suis ouvert à un ami qui m'a invité à venir passer une fin de semaine en pleine nature. Ce que je fis. La vieille demeure en pierre de ses arrière-grands-parents était en plein cœur d'une nature sauvage, éloignée du plus petit village. De loin, on aurait dit une ruine de pierres immergée dans les terres. Arrivé sur les lieux, mon ami m'a invité à m'asseoir sur le banc en pierre devant la demeure en restauration. Et de ce poste d'observation, le spectacle naturel m'a époustouflé. Je suis tombé sous le charme d'une magnifique vallée naturelle, de la forêt verdoyante bordée d'une paroi rocheuse abrupte. Nous avons ensuite emprunté un sentier boisé et fleuri, parsemé de baies de petits fruits sauvages. Des arbrisseaux d'un vert intense poussaient aux côtés d'arbres centenaires. Le lendemain, je suis sorti à l'aube. J'ai assisté en direct au réveil de la nature, au vol des oiseaux et à la course des nuages. Les senteurs de pins sauvages se mêlaient au parfum d'autres végétaux. La nature offrait au regard un dégradé de couleurs tantôt verdoyantes tantôt chatoyantes. À mesure que les heures passaient, mes

pensées glissaient sur la quiétude de ce paysage. Je me sentais imbibé de cette sève naturelle, gonflé à bloc de toutes les senteurs. Un moment intense de bonheur sauvage. Était-ce l'air pur et doux, l'immensité et la beauté du panorama ou ce retour à la nature ? J'ai quitté ce paradis terrestre ressourcé et vivifié ! »

Gérard, 55 ans

Un peu de théorie

S'immerger en pleine nature

Votre conscience de vous et des autres est à son maximum. Vous savez ajouter du piquant à votre quotidien et vous savourez de précieux instants de complicité en famille ou avec vos amis. C'est le moment pour vous de vous ouvrir à un monde plus vaste, d'exalter vos perceptions et d'éprouver les plus vives impressions que peut procurer l'instant présent. Il s'agit d'apprendre à puiser force et vitalité au contact de la nature, de rendre votre vie féconde de découvertes humaines et d'élans créatifs, de faire le plein d'énergie cérébrale et de combattre la gravité et l'inertie physique. Vous devez apprendre à saisir de nouvelles occasions de donner une intensité supplémentaire à votre vie. Il est important de sortir de son quotidien pour se ressourcer et s'aérer l'esprit. Commencez par prendre conscience de votre état physique. Vous sentez-vous fatigué et en perte d'énergie ? Si c'est le cas, songez le plus sérieusement du monde à répondre à votre besoin de nature. Si vous vivez en ville, il est possible que vous manquiez du contact régénérant et oxygénant de la végétation, des senteurs florales et des éléments aquatiques. Ne vous contentez plus de vos plantes vertes d'intérieur et de quelques brèves excursions au parc au coin de la rue ! Plongez-vous dans la nature et faites l'expérience d'une véritable immersion en forêt, dans la montagne ou n'importe quel paysage luxuriant de verdure. Et retrouvez les sensations vécues depuis les temps immémoriaux par vos ancêtres…

Cultiver son jardin au rythme des saisons

Si vous ressentez une pressante envie de renouer avec la terre nourricière, entrevoyez la possibilité de cultiver un petit jardin près de chez vous. Songez que parmi les grands plaisirs des jardiniers, ceux-ci évoquent le bonheur d'être attentif aux changements saisonniers, à la beauté et au renouvellement de la nature selon le cycle naturel des saisons. Ils éprouvent notamment une sensation jouissive de voir pousser ce qu'ils ont semé, de pouvoir cueillir ce qu'ils ont (si patiemment) bouturé, replanté, ensemencé, arrosé et nourri de soins, etc. Autres moments de bonheurs simples : sentir dans ses mains le grain humide de la terre, en respirer l'odeur, constater l'épanouissement d'un bourgeon en une magnifique plante, inhaler le parfum des fleurs, caresser la peau de pêche d'un fruit, croquer un légume à pleines dents, admirer la couleur de toute cette nature, etc. Pour les amoureux de la nature, entretenir un jardin n'est pas la seule activité qui permette de se ressourcer. Élever un ou des animaux fait aussi souvent partie de leur rapport privilégié avec cet environnement naturel. Prendre soin d'un animal demande d'être à la fois réceptif à ses besoins physiologiques et attentif à ses réactions (certains diront « émotions »). En osmose avec la nature, le jardinier a une conscience aiguë de l'interaction entre tous les êtres vivants, de la corrélation du monde végétal, animal et humain. En y pensant bien, cultiver son jardin, en voilà une activité revigorante !

Des pistes pour se régénérer le corps et l'esprit

Chaque jour ou chaque fin de semaine, essayez de vous accorder une heure de marche dans la nature. Pour les plus aguerris, faites l'expérience d'une immersion dans un paysage naturel, en explorant des sentiers non balisés. Marcher lentement ou d'un pas vif, selon votre propre rythme. Faites que tous vos sens soient sollicités : humez, contemplez, touchez, écoutez. Sentez le sol sous vos talons. Ressentez le souffle du vent dans vos cheveux. Soyez en éveil, attentif aux détails des couleurs et des formes des plantes. Prenez dans vos mains une pierre. Songez à votre lien avec toute cette nature et ses petits habitants (insectes et animaux). Se promener en pleine nature a souvent un effet apaisant et dynamisant à la fois. Certaines personnes entourent les arbres de leurs bras pour mieux ressentir cette communication avec le vivant, cette connexion organique. Elles suggèrent de s'asseoir à même le sol pour mieux se connecter à la terre ou observer l'activité des insectes. Adonnez-vous à une activité pratiquée au grand air comme descendre une rivière en canot, kayak ou pédalo ; réaliser un herbier ; observer une espèce d'animaux ; faire de l'escalade ou un parcours aérien d'aventures, etc. Au-delà de ces instants privilégiés, vivre conformément à la nature peut renforcer votre jouissance de l'instant présent en vous sachant connecté en tout temps à cette nature environnante.

À RETENIR

La plupart des citadins vivent à longueur d'année coupés de la nature. Il arrive que certaines personnes éprouvent soudain un besoin viscéral d'un « retour aux sources ». Vous aussi, vous pourriez ressentir un immense bien-être à admirer les paysages, respirer un air pur, vous désaltérer à l'eau fraîche, vous nourrir de produits sains, etc.

Cultiver son jardin, au sens propre comme au figuré, peut avoir des effets revigorants sur votre santé et votre mental. Jardiner est une autre manière de se relier à la nature. Soyez sensible à la croissance des plantes et au renouvellement saisonnier de cette nature. Et vous aurez bien mérité de savourer les fruits de votre jardin !

Utiliser la terre ferme comme un tapis de sol vous changera des sensations de votre moquette ou de votre plancher. Le dos contre un arbre, faites l'expérience de vous laisser imprégner par l'abondance de cette nature. Pour les plus sportifs, une panoplie d'activités s'offre à vous au grand air. Pourquoi ne pas en profiter ?

S'apprécier pour mieux vivre l'instant présent !

« Exister n'est pas tout. Comment vivre en bonne intelligence avec soi ? Comment quitter ce moi-prison, dans lequel nous étouffons, pour aller vers un moi-violon, dont nous apprendrions tranquillement à jouer ? Comment, simplement, se découvrir, s'apprécier, se construire ? »

Christophe André

Témoignage

« Je me revois, un lundi midi sous la pluie, un nœud dans l'estomac, attendre un taxi pour me conduire à l'aéroport. J'avais l'impression d'être là sans y être. Je m'efforçais de vérifier que je n'avais rien oublié. Dans l'avion, j'avais toujours l'impression d'avoir laissé quelque chose derrière moi. J'étais vaguement inquiet de mon manque d'entrain qui précède normalement la signature d'un contrat. Ce client pouvait nous ouvrir un nouveau marché. Pourtant, j'avais hâte de rentrer. Ce voyage n'en finissait pas. Je me suis mis à regarder les passagers dans les rangées proches, pour deviner quelle pouvait bien être leur raison d'un si long voyage. Pris à ce petit jeu, je me suis mis à imaginer quelle pouvait être leur passion. Quand l'hôtesse m'a demandé « et pour vous ? », j'ai répondu « je n'en sais rien », croyant répondre à une interrogation intérieure sur une quelconque passion personnelle. C'est vrai que depuis quelque temps, je ne me reconnais plus. J'ai toujours désiré réussir en affaires, mais quelque chose de fondamental me manque. Enfin arrivé au bureau du client, je

faisais les cent pas en pensant à mon discours de vente. Par la fenêtre, j'ai aperçu, fasciné, une femme qui confectionnait des paniers en bambou. La lenteur et la simplicité de ses gestes contrastaient avec ma nervosité. Je m'étais perdu de vue depuis si longtemps que j'en avais oublié ma propre passion pour la confection d'objets artisanaux. Et si c'était moi que j'avais oublié en route ? »

François, 50 ans

Un peu de théorie

Prendre congé du « faux moi » !

Certaines personnes ont du mal à vivre l'instant présent, faute d'être présentes à elles-mêmes. Elles sont souvent trop tournées vers le passé, soit trop en projection dans l'avenir. Seul est entièrement présent celui qui a une profonde conscience de lui-même dans un rapport à soi authentique. Pour cela, il faut être libre des faux-semblants de l'apparence, débarrassé de tout souci de soi. Or, dans *La Mise en scène de la vie quotidienne*, Erving Goffman affirme que nous jouons plusieurs rôles. En présence d'autrui, nous sommes habitués à nous composer une certaine image publique. Ce sociologue américain nomme « la présentation de soi » (titre du premier tome de son livre), ce souci de donner une expression de soi-même afin que les autres en retirent une certaine impression. Autrement dit, absorbé par l'image que l'on s'efforce de donner de soi, on s'absente à soi-même. On laisse notre « vrai moi » aux vestiaires ! Or, comment être présent à l'instant que je vis si je suis dans la composition d'un rôle ? Il est vrai que ces divers rôles que nous endossons au cours d'une journée peuvent être particulièrement énergivores. La peur de déplaire, d'avoir un comportement inadapté ou, simplement, de gaffer, finit par détruire tout désir de plaisir. Au lieu d'apprécier ce qui est, la personne n'est attentive qu'à éviter tout faux pas.

Pas étonnant que les personnes stressées soient moins enclines à se laisser porter par l'inspiration du moment présent !

Se donner la liberté d'être soi-même

Vivre pleinement l'instant présent nous renvoie ainsi au défi d'être soi-même, libre d'être soi, d'apprécier spontanément des moments d'exception, de s'autoriser à cueillir les minuscules petits plaisirs du quotidien, même ceux qui sont anodins. Faire l'effort d'accomplir ces petites choses nous aide à intensifier notre attention au moment présent. Habitué à se montrer en société, à préserver les apparences ou « coincé » dans un rôle, une étiquette, il peut être difficile de se donner la liberté d'être soi. Combien de fous rires ou de joies secrètes sont ainsi étouffés en public ! Au contraire, l'identité d'une personne se révèle souvent au grand jour, dans sa vérité simple, dans les moments riches et puissants où elle se sent en complète harmonie avec ce qui est. Suivant son instinct (ou sa nature), elle peut rayonner du bonheur de jouir de l'instant présent sans craindre le ridicule. Sachez qu'il peut être nécessaire de prendre parfois rendez-vous avec soi pour se libérer momentanément des rôles de la vie quotidienne. Il faut savoir aussi que nous sommes toujours plus que les rôles que nous jouons. Notre identité n'est pas davantage fixe et définitive. Au contraire, nous nous adaptons d'autant mieux aux exigences quotidiennes que nous nous rendons disponible à notre vraie personnalité et que nous développons cette intelligence de soi. Être vrai avec soi est encore la meilleure manière de prendre conscience de toutes ses possibilités et de gagner de l'assurance.

S'apprécier à sa juste valeur

S'aimer assez peut aussi nous aider à bien vivre l'instant présent ! Développer une solide estime de soi pour croquer la vie, c'est encore mieux ! Marie-Laure Cuzacq, auteur de *L'Estime de soi – Apprendre à s'aimer pour mieux vivre*, considère que c'est la conscience de soi qui mène à l'acceptation de soi. « *Beaucoup de personnes avancent dans la vie à l'aveugle. Si vous leur posez la question : « Qui êtes-vous ? », ils ne sauront répondre ou ils vous répondront en vous disant le métier qu'ils font, le nombre d'enfants qu'ils ont, le montant du salaire qu'ils gagnent… »*, constate l'auteur. Pour prendre conscience de soi, et s'apprécier à sa juste valeur, elle recommande de s'interroger en notre for intérieur sur nos valeurs, nos qualités, nos limites, nos désirs profonds, nos convictions. En somme, c'est développer une image personnelle de soi indépendante, libre et qui ne soit pas sujette au regard et au jugement des autres. Et cette image-là nous appartient entièrement. À l'aise avec nos choix, conscient de nos valeurs, attentifs à nos qualités et à nos défauts, nous avançons dans la vie à l'écoute de ce que nous sommes et de ce que nous voulons, en bonne intelligence avec soi. Selon Marie-Laure Cuzacq, il faut aussi distinguer le jugement sur soi et l'évaluation de ses diverses compétences. Ce regard « trop spécialisé » sur soi passe à côté de la personne au plus profond d'elle-même. Voici une bonne façon de profiter de l'instant présent en toute quiétude !

À RETENIR

La vie sociale nous contraint souvent à faire bonne figure en portant le masque de l'amabilité ou l'habit du professionnel. Le besoin de se faire bien voir ou de présenter une belle image de soi peut emprisonner notre plaisir de vivre. Le sentiment d'exister dans l'instant suppose que nous soyons dans un rapport « vrai » avec nous-mêmes.

Si vous sentez que vous avez perdu contact avec qui vous êtes dans votre for intérieur, il est peut-être temps de prendre rendez-vous avec vous-même. Cela n'exige pas d'être seul, entourez-vous d'amis avec qui vous êtes à l'aise. Accordez-vous des moments où vous vous sentez libre d'être vous-même, en vous laissant aller à vivre tout simplement !

Pour apprécier les plaisirs de la vie, il faut d'abord apprécier sa propre compagnie. Vivre en harmonie avec soi repose sur une bonne estime de soi. Il faut travailler ce regard sur soi en admettant vos victoires et pas uniquement les petits ratés. Augmentez votre estime personnelle en vous concentrant sur ce qui compte vraiment à vos yeux !

Stimuler ses sens, redécouvrir sa sensorialité

« Il était là, tout au fond de moi. Minuscule. C'était une infime vibration. Un frisson très lointain, à peine perceptible. Je l'ai ensuite senti s'amplifier. Une exquise légèreté me parcourait. Une délicatesse. Un ravissement, oui, un ravissement s'emparait de moi. »

Jacques Gélat

Témoignage

« En décembre, j'attends toujours Noël avec impatience. Chaque Noël en famille, c'est le retour au banquet des sens, le même festin pour les yeux. Dès que je franchis la porte, il flotte dans la maison un parfum de chandelle à l'orange et à la cannelle. Dans la cuisine, il émane du four un puissant fumet de dinde aux marrons avec son bouquet de fines herbes. L'ambiance est à la fête et au plaisir partagé. Le sapin scintille de mille feux. Des guirlandes rouge vif et jaune étincelant pendent aux lustres. Sur la table de la salle à manger, des petites boules de Noël, comme enveloppées de neige, accompagnent chaque assiette et ses couverts. Un long chemin de feuilles et de fruits secs parcourt la table dans le sens de la longueur. Près de la cheminée, le feu crépite tranquillement. Et dans un coin du salon, les enfants entourent l'amas de cadeaux enveloppés dans de beaux papiers brillants et des rubans multicolores. Autant dire qu'à cette occasion spéciale, tous mes sens sont en éveil comme jamais ils ne le sont lors d'une autre fête familiale. Il y a toujours des musiques de Noël qui accompagnent nos discussions animées. Bientôt, toute la famille sera

réunie et les verres s'entrechoqueront pour se souhaiter un joyeux Noël. Nous nous raconterons les derniers petits événements familiaux en se souciant des uns et des autres. Il n'y a rien que j'apprécie plus que cette atmosphère de Noël dans un foyer chaleureux où toute la famille s'attelle à rendre ce moment inoubliable. »

Léa, 31 ans

Un peu de théorie

Toute une richesse sensorielle !

L'éveil des sens enrichit notre perception de l'instant présent et augmente notre attention à tous les petits événements du quotidien. C'est grâce à nos cinq sens, la vue, l'ouïe, l'odorat, le goût et le toucher que nous sommes totalement présents au monde, en phase avec soi-même, son entourage, son environnement. Pourtant, aussi surprenant que cela puisse paraître, nous agissons la plupart du temps comme si nous étions déconnectés de nos sens, absents à nous-mêmes, fermés à ce qui nous entoure. Nous oublions de regarder ce qui est, pourtant, sous nos yeux. Nous oublions de savourer la vie, de déguster les bonheurs simples comme tenir une main dans sa main, regarder un visage bienveillant, croquer dans un fruit juteux, écouter les émotions dans la voix de son enfant, sentir l'eau de la douche couler sur son corps, etc. Nous ne savons plus nous éblouir des petites choses. Certains tentent de compenser cette relative perte sensorielle par l'usage de substances et d'euphorisants comme le tabac, l'alcool, la drogue, les médicaments, la nourriture riche en sucres ou en saveurs chimiques. Or, loin de revigorer nos sens, tous ces moyens artificiels pour stimuler la sécrétion de dopamine réduisent plutôt notre sensibilité sensorielle. Seule une véritable attention aux petites choses simples de la vie, en prenant le temps d'être réceptif et attentif à nos sens, permet de déployer toute notre sensorialité. Ressentez dès à présent les effets stimulants d'être à l'écoute de vos sens !

Éveiller vos cinq sens

De façon générale, stimuler ses sens augmente la capacité à jouir simplement de tout ce qui se passe, de tout ce qui nous entoure au quotidien. Sur le plan sensoriel, il n'y a pas de menus plaisirs. Les plaisirs peuvent être très basiques (comme sentir la caresse du vent sur son visage) ou plus complexes (comme jouer de la musique dans un orchestre), et tout cela est très appréciable. Et, bonne nouvelle, chaque sens peut se développer à tout âge, avec un peu de pratique et d'exercice. C'est ainsi que l'apprentissage de l'oreille musicale décuple le plaisir du mélomane. Le plaisir de la table est renforcé par l'éducation du goût. La sensibilité au toucher rend la caresse plus douce. L'art de capter toutes les nuances de couleur, l'harmonie des traits, le jeu des luminosités, des ombres et des dégradés permet de mieux apprécier la beauté d'un paysage. Si vous avez tendance à voir la vie en noir et blanc, vous découvrirez que même ces deux uniques couleurs peuvent prendre bien des nuances. Avec un peu plus d'attention, vous en viendrez peut-être à capter toute une nouvelle palette de couleurs, de quoi colorer votre vie de nouveaux plaisirs. Et que dire de la musicalité de la vie ? Pas besoin d'être un virtuose de la musique harmonique pour devenir plus sensible à toutes les intonations que peut prendre la voie au seul mot de « bonjour ». À tout moment de la journée, vous pouvez décider d'ouvrir les yeux et les oreilles. L'intensité du plaisir s'accroît avec l'usage !

Quelques applications d'expériences sensorielles

Il existe mille et une façons d'aiguiser ses sens au quotidien. Vous pouvez varier les plaisirs en commençant par apporter de petits changements à vos habitudes. Par exemple, relevez parmi vos tâches routinières celles qui pourraient être remplacées par une autre tâche ou déplacées au cours de la semaine. Une journée, vous prenez le vélo au lieu de la voiture. Une autre journée, vous changez le programme télévision par la sortie cinéma. Cette façon de rompre avec vos habitudes stimulera votre attention au présent. Ces moments seront agréables car vous vous serez surpris vous-même à changer votre quotidien. Un autre exercice consiste à mobiliser tous vos sens par une expérience multisensorielle, comme déguster un repas avec tous ses sens. Car le simple plaisir de manger n'est pas qu'une affaire de papilles. Sentir le crépitement de la cuisson, la variété des saveurs, la texture croquante, craquante ou croustillante multiplie les plaisirs. Vous pouvez aussi accéder à la découverte de toute votre sensorialité en affinant vos cinq sens séparément. Par exemple, faites l'effort de capter la beauté autour de vous. Lorsque vous écoutez de la musique, accordez votre attention aussi bien aux notes qu'aux silences. Attardez-vous sur la texture soyeuse, douillette, ouatée des vêtements que vous portez. Prenez une minute pour humer un parfum agréable. Par l'expérimentation sensorielle de toutes ces petites choses de la vie, vous réveillez votre conscience de l'instant présent.

À RETENIR

Nous ne connaissons le monde et accédons à sa beauté que par nos sens et l'expérience de nos sensations. Plus nous utilisons nos sens et plus on augmente l'intensité des ressentis. Il en résulte naturellement un plus grand appétit de la vie comme si tous les plaisirs ressentis engendraient le goût de jouir encore davantage de chaque instant.

Il est possible d'aiguiser vos sens en améliorant vos connaissances dans un domaine donné, en sollicitant et en exerçant au quotidien vos sens par une plus grande attention à ce qui vous entoure. Vous pouvez dès à présent faire l'expérience de stimuler un sens en particulier ou de vous plonger dans une oasis des sens pour une expérience multisensorielle.

À tout moment, vous pouvez rompre avec vos habitudes et toutes vos actions répétées à satiété qui engourdissent votre curiosité. Laissez-vous intriguer par le spectacle de la vie, acceptez le risque de vous sentir déconcerté par l'éveil de votre sensorialité et laissez ces sensations nouvelles vous envahir délicieusement sans troubler la magie de l'instant.

Être disponible aux autres l'espace d'un instant !

« Brusquement il se tourna vers moi, me prit les mains, me parla avec douceur. Je regardais son visage de très près, j'en détaillais toutes les lignes, j'écoutais passionnément ce qu'il disait, j'étais enfin douée d'une attention sans failles, délivrée de moi-même. Sans petite voix intérieure. »

Françoise Sagan

Témoignage

« Jour après jour, mes pas me menaient de mon appartement à mon bureau et de mon bureau à mon appartement. Tous les jours défilaient au même rythme et ma journée de travail se passait comme je l'avais prévu. Chacun, à sa place, travaille et côtoie ses collègues par habitude et obligation. Cet automne-là fut plus pénible que les autres. La monotonie des jours gris n'en finissait plus. Je broyais du noir ce midi-là, quand un collègue, assis à notre table de la cafétéria, s'est animé pour nous parler de la naissance de ses jumeaux. Son bonheur faisait plaisir à voir. Il nous a montré fièrement la photo des deux nouveau-nés. Il était tellement heureux qu'il était impossible de ne pas se laisser gagner soi-même par le bonheur qu'il dégageait. C'est alors qu'un autre collègue a sorti à son tour une photo de ses enfants. Au bout d'un moment, toutes les photos ont fait le tour de la table. Des photos d'enfants, de familles, de fiancés, celle d'un groupe d'amis, une photo de vacances… Nous nous sommes raconté l'objet de notre bonheur. Les yeux brillaient. Nous nous

volions les mots de la bouche. J'ai découvert ce midi-là mes collègues. Nous avons levé nos verres. Une heure plus tard, nous avions retrouvé nos places habituelles et la journée avait repris son cours sauf que... je suis presque sûre que toutes ces bribes de vie partagées, tout ce qui avait été dit, est demeuré en chacun. Nous étions devenus plus attentifs les uns aux autres, plus réceptifs à maints petits détails. »

Béatrice, 22 ans

Un peu de théorie

Le goût de l'instant présent au-delà de soi

Dans un premier temps, il vous faudra apprendre à être attentif à vous, en vous reconnectant à vos sens, en éveillant votre conscience de soi et en vivant en accord avec vous-mêmes. Ensuite, vous commencerez à développer votre capacité à mieux vous ancrer, corps et âme, dans le présent, à la fois au contact de votre corps et en relation avec vos désirs. Votre attention à l'instant présent va encore s'accroître en développant un nouveau rapport au temps, dans un rythme de vie plus intime et une conscience soulagée des lourds regrets et des espoirs toujours à venir. Après cela, vous pourrez apprécier les petits moments uniques qui parsèment votre quotidien. Et pour terminer, il sera temps d'apprendre à goûter l'instant présent, au-delà de soi, avec les autres. Car il n'existe pas de plus grand plaisir qu'un plaisir partagé. Notre bonheur grandit lorsqu'il s'élargit à notre entourage. Pour savoir profiter ensemble de l'instant présent, il reste beaucoup à faire comme apprendre à être disponible pour les autres. C'est être tout à la fois réceptif, attentif et attentionné à ceux qui vous entourent tout comme aux inconnus. Fort de cette nouvelle ouverture aux autres, une nouvelle étape consistera à recevoir conseils, trucs et astuces pour profiter d'instants complices entre amis, vivre heureux à deux, s'émerveiller de la vie avec vos petits, pimenter les réunions familiales, cueillir les petits plaisirs et créer des petites folies pour passer de bons moments ensemble !

Développer son attention à l'autre

Être disponible pour l'autre incite à prolonger sa capacité à profiter de l'instant présent au-delà de soi-même. S'ouvrir à quelqu'un dans sa réalité, l'accueillir dans ce qu'il est, quelle belle façon de prêter davantage attention à ce que le monde a à offrir et à l'humanité ! Le fait d'être attentif aux ressentis d'autrui peut vous permettre de les ressentir à votre tour. Votre expérience de la vie s'enrichit de celles vécues par d'autres. Votre vision du monde s'élargit à d'autres perceptions et s'enrichit considérablement. Votre rapport à l'instant présent n'en est que plus intéressant ! C'est sans compter qu'un bel échange est souvent un bon antidote au vague à l'âme, à la déprime ou à la tristesse. Ainsi, témoignez un réel intérêt à la personne à qui vous posez une question. Prêtez une réelle attention à ses paroles en laissant de côté vos soucis pendant quelques minutes. Laissez tomber les banalités du style *« Comment vas-tu ? »* si vous détournez aussitôt le regard. Évitez de parler à la hâte de votre dernière sortie si la réaction de votre interlocuteur ne vous intéresse pas. La disponibilité demande de l'attention. Mais qui s'ouvre à autrui peut aussi beaucoup recevoir de ses qualités, être touché par sa complicité, être surpris par ses confidences, être ému par son affection, apprécier sa riche intériorité, s'enrichir de son sourire, se laisser gagner par son goût du bonheur… Faites-en l'expérience aussi souvent que possible !

Petite leçon d'« écoute active »

Écouter, c'est savoir se détacher de soi afin d'être disponible pour se préoccuper de l'autre. Mais attention, entendre parler ne suffit pas pour écouter vraiment quelqu'un. Ce serait confondre le sens de l'ouïe avec la qualité de l'écoute. Pour développer votre qualité d'écoute, rien de tel que de pratiquer « l'écoute active », une notion de communication inspirée des travaux du psychiatre et philosophe Carl Jaspers. Cette écoute particulière vise à montrer que l'on comprend l'interlocuteur sans le juger, qu'on l'écoute dans ses émotions sans chercher à guider la conversation, qu'on peut l'accompagner dans sa recherche de solutions sans lui imposer ses conseils ou son opinion. Ses principes sont aussi simples qu'efficaces. En voici quelques-uns : une vraie qualité d'écoute consiste à laisser la personne s'exprimer sans l'interrompre, en l'autorisant à exprimer ce qu'elle ressent, sans manifester de réactions. Quand elle a fini, l'interlocuteur reformule ce qu'il a compris sans commentaire ni jugement. L'écouté se sent alors vraiment reconnu et compris. Cette simple attitude lui montre qu'il est important pour son interlocuteur. Il se sent respecté et considéré. En lui donnant toute son attention, celui qui écoute ne cherche pas à répliquer, argumenter ou conseiller. Écouter, c'est plutôt être attentif à ses pensées et ses sentiments, découvrir ses qualités et reconnaître ses compétences pour trouver ses propres réponses à ses questions ou préoccupations.

À RETENIR

De fait, nous sommes des êtres sociaux dont la nature humaine est de vivre ensemble. Pourtant, les relations humaines sont parfois figées dans des habitudes apprises et galvaudées de savoir-vivre, dénuées de toute chaleur humaine. Or, chacun peut sentir la différence entre côtoyer les gens de manière cordiale et être attentifs aux personnes.

La qualité des relations humaines et l'enthousiasme contribuent beaucoup à apprécier l'instant présent. Pour en saisir toute la richesse, sachez démontrer un réel intérêt aux gens qui vous entourent. Laissez-vous séduire par un sourire, adressez-en un en retour. Accueillez une parole sincère. Plongez dans une écoute sincère sans arrière-pensées.

Dans l'écoute, on adopte une attitude de disponibilité. Écouter, ce n'est pas vouloir que l'autre pense comme nous ou suive nos recommandations. Écouter, c'est aussi se taire et faire sentir à son interlocuteur qu'il a été écouté et compris dans l'expression de ses ressentis. L'écoute sincère est le plus beau cadeau que nous puissions faire à quelqu'un !

Doper son esprit quotidiennement !

« Dès que nous pensons, que nous agissons, nous marquons une « préférence » cérébrale, et encourageons un « cerveau fort » au détriment d'un « cerveau faible ». [...] La bonne nouvelle ? On peut apprendre à stimuler son « cerveau faible ». »

Gilles Azzopardi

Témoignage

« Comment profiter de l'instant présent quand le présent est aussi ennuyeux qu'un cours de chimie ? Ce n'est pas une question en l'air. C'est ma triste réalité. J'avais l'habitude de m'ennuyer en cours de chimie. Trois heures interminables de cours où je me retenais de bayer aux corneilles. Pas de quoi rire ni pleurer sauf que... c'est toujours ça de perdu ! Je fais partie de cette catégorie de personnes qui avancent quand elles sont motivées. Et pour me motiver, ça doit m'intéresser. Bref, à un moment, il faut croire que j'en ai eu assez de m'ennuyer car j'ai décidé d'étudier la chimie sérieusement. Et là, autant vous dire que j'ai vraiment bayé aux corneilles, seul dans ma chambre universitaire. Mais à force de persévérance (ouf !), j'ai fini par « assimiler » la matière, comme disent les profs. Et même que plus je digérais les diverses associations des éléments chimiques, les processus chimiques et tous les phénomènes des réactions, plus je me prenais au jeu de comprendre le monde à l'échelle moléculaire. Qui l'eût cru ? Mon goût pour la chimie (c'est tout nouveau) s'accrut avec le plaisir de comprendre au moins quelques subtilités scientifiques. Pour une découverte, c'en était une ! La chimie finissait par devenir passionnante. Ce n'est pas tout. Je devins attentif au prof et je profitais pleinement de chaque minute

du cours. De là à devenir un brillant chimiste… il ne faut pas exagérer ! Disons que je suis passé de justesse à côté d'un ennui monumental. »

Matéo, 22 ans

Un peu de théorie

Creusez-vous les méninges…

Stimuler sa curiosité intellectuelle ajoute du piment à la vie. Qui ne souhaite pas trouver son travail enrichissant ou passionnant ? Qui préfère écouter un échange de banalités plutôt qu'une conversation cocasse et instructive ? Qui ne s'est jamais pris au jeu des jeux de société une fin de semaine pluvieuse pour le plaisir de se cultiver davantage ? La curiosité intellectuelle est donnée à tout le monde, pourvu que chacun trouve ce qui stimule ses méninges. Ceux qui marinent dans le jus de l'ennui souffrent souvent d'un manque de stimulations qui peut entraîner une baisse de motivation. Quand les potentialités d'un travailleur ne sont pas exploitées, il y a un risque que son quotidien au bureau perde peu à peu toute saveur et, parfois même, tout son sens. Comment pourrait-il profiter de l'instant présent s'il a l'impression de passer ses heures à meubler son temps d'une façon non-productive ? Il est temps de réagir et de tirer le meilleur parti de ses capacités et de ses envies. Sachez que selon la théorie des intelligences multiples, il existe sept principales formes d'intelligence : linguistique, spatiale, musicale, physique-kinesthésique, logico-mathématique, interindividuelle et introspective. Pour surmonter l'ennui, découvrez quelles sont vos meilleures aptitudes intellectuelles et comment les utiliser à leur plein potentiel. Sinon, adaptez-vous et faites l'effort intellectuel de considérer chaque situation ou conversation comme une source potentielle d'enseignement.

Augmenter sa présence d'esprit

Augmenter sa présence d'esprit est une clé pour voir les situations d'un œil neuf et se remotiver ! Faire preuve de présence d'esprit demande de savoir réagir avec vivacité en répondant ou décidant sur-le-champ. Que préféreriez-vous : écouter en silence ceux qui ont réponse à tout ou les écouter en exerçant votre sens de la repartie et de l'humour ? Prendre un peu de recul et savoir prendre son temps avant de répondre, voilà encore une forme de présence d'esprit. Vous l'avez compris : la présence d'esprit ne s'exerce pas en résolvant abstraitement des exercices intellectuels mais en étant présent psychologiquement. Cette forme subtile d'intelligence utilise les rapports humains comme terrain d'entraînement. Très proche de l'intelligence émotionnelle, la présence d'esprit permet d'interagir avec tact et doigté aux situations les plus diverses. Qui d'entre nous n'aimerait pas trouver les mots justes avec le ton juste, au bon moment et au bon endroit ? Les plus doués dans ce type d'intelligence manifestent une attention particulière tant à l'expression verbale qu'au langage non-verbal d'autrui. il est vrai qu'un esprit cultivé et des propos intelligents rendent une conversation intéressante, mais rappelez-vous aussi que l'intelligence n'est pas que logique, raisonnement et savoirs. Pour profiter de l'instant, sachez utiliser autant votre QE (quotient émotionnel) que votre QI (quotient intellectuel) !

Des jeux intellectuels pour exciter vos neurones

Un esprit éveillé éprouve rarement de l'ennui. Tout le stimule et tout peut devenir une source d'apprentissage. Bonne nouvelle : il existe des jeux intellectuels pour tous les goûts. Mais pour multiplier vos potentialités, mieux vaut stimuler les deux sphères de votre cerveau et toutes vos zones cérébrales. Efforcez-vous de toujours accroître vos connaissances. Questionnez-vous sur les nouvelles découvertes. Échangez avec des personnes qui ont la même curiosité que vous et aussi avec ceux qui ont des passions totalement différentes. Apprenez à partir de différentes sources d'information. Écoutez les opinions divergentes et repérez les oppositions de points de vue. Résolvez des problèmes logiques. Allez écouter des conférenciers. Inscrivez-vous à un club de lecture, un club de jeux d'échec, etc. Lisez de tout et pas seulement le même genre de romans. Écoutez des reportages fouillés. Examinez un problème sous tous ses angles. Intéressez-vous aux passions de vos amis. Adonnez-vous aux plaisirs de l'esprit grâce aux jeux de mots (mots croisés, fléchés, mêlés, mots d'esprit, rébus), aux jeux logico-mathématiques (énigmes, suites de chiffres, devinettes, quiz mathématique), aux jeux de stratégie (jeux de cartes, poker, tarot, jeu d'échec), etc. Faites travailler vos neurones et vous ne serez jamais en panne de stimuli. Mais surtout, amusez-vous !

À RETENIR

Plus on est curieux et moins la vie est ennuyeuse. C'est peut-être parce qu'il y a toujours de quoi s'étonner, s'interroger, questionner le monde environnant. Et si derrière l'apparente simplicité des choses, nous nous amusions à y déceler toute la riche complexité ?

Ne mettez pas seulement votre intelligence au service des chiffres et des problématiques. Cultivez aussi une intelligence émotionnelle vous servant à mieux comprendre et communiquer avec les autres. Faire preuve de présence d'esprit permet de profiter de n'importe quelle situation. Songez-y...

Pour éveiller son esprit, rien de tel que de se sentir concerné par le cours du monde et l'évolution des idées. Questionnez. Étudiez. Examinez. Comparez. Évaluez. Associez des faits. Pour ceux qui préfèrent réfléchir en se divertissant, ce ne sont pas les exercices et jeux intellectuels qui manquent, seulement les joueurs.

Prendre le temps de rire aux éclats

« Rire est en relation directe avec le bien-être, le plaisir d'être vivant, le fait de se sentir bien dans sa peau et avec autrui. C'est une façon de dire : « J'occupe le présent, je ne suis pas soucieux de l'avenir, ni persécuté par mon passé. »

Jacques Salomé

Témoignage

« D'aussi loin que je la connaisse, ma conjointe a toujours été un véritable boute-en-train. Elle a toujours le mot ou la grimace pour faire rire. C'est ainsi que je l'aime : enjouée, drôle, espiègle. Dans la vie, son désir de passer de bons moments avec les gens qu'elle apprécie l'a toujours emporté sur toutes autres envies : être parfaite, impressionner ses collègues ou gagner plus d'argent que sa voisine. Lorsqu'on va voir un spectacle, ce sont ses éclats de rire qui retentissent le plus fort. Elle est capable de changer une atmosphère mortuaire en ambiance d'enfer. Un petit rien peut déclencher son fou rire. Son rire est d'ailleurs le thermomètre de son humeur. Il est arrivé qu'elle passe toute une journée sans un rire, juste un sourire évasif. Je devine qu'elle est préoccupée par un problème. Je lui demande alors : « Es-tu bien là ? ». Si elle répond « oui », alors je la taquine encore un peu : « Es-tu bien sûre que tu es là en ce moment ? ». C'est alors qu'elle commence vraiment à me raconter ce qui l'ennuie ou ce qui l'attriste avec tant de détails et un tel sens de la dérision, que son humeur se transforme au fur et à mesure de son récit. Généralement, elle devient intarissable. Il y a tant de rebondissements et de coups de théâtre dans son récit des événements, qu'on finit immanquablement par pouffer de rire à deux.

C'est la meilleure arme que je lui connaisse contre la morosité. Je dois juste provoquer un peu son envie d'en rire plutôt que d'en pleurer. »

André, 38 ans

Un peu de théorie

Une bonne bouffée de rire

Est-ce possible de profiter de la vie sans aimer rire ? Nous rions pour nous divertir de la vie. Nous rions aussi pour le simple plaisir de partager une bonne blague. Nous cultivons notre sens de l'humour pour prendre un peu de distance sur les événements. D'autres trouvent dans la rigolade une issue libératrice aux tensions psychiques. Des spécialistes du rire l'affirment sans rigoler : prendre le temps de rire n'est pas un sujet frivole ou un genre mineur. Le rire joue un rôle drôlement sérieux sur le plan de notre bien-être physique et mental. Sans blague, rire et pratiquer l'humour constitueraient un remède contre beaucoup de maux (stress, anxiété, fatigue, etc.). Certains ont même érigé le rire en thérapie (aussi appelé la rigolothérapie ou l'humour-thérapie). Il faut savoir que si le rire est la faculté la mieux partagée, elle n'est pas la plus exploitée. « Pas le temps de rire ! », « pas de quoi rire ! » ou « à quoi bon ? » sont des raisons souvent évoquées par ceux que la morosité a gagnés, qui ne savent plus rire et jouir de la vie. Ces personnes ne parviennent pas à profiter de l'instant présent. Sans doute savent-elles sourire d'une bonne blague. Mais rire, c'est autre chose. Un rire franc et authentique permet souvent de décompresser, de se libérer, de se défouler. S'esclaffer est tout à la fois expulsif et explosif. Rien à voir non plus avec le rire nerveux ou anxieux, les dents serrées. Et vous, riez-vous assez ? À quand remonte votre dernier fou rire ?

Cultiver l'envie d'en rire

Cultivez l'envie d'en rire et vous chasserez la grisaille du quotidien. À toute époque, dans les jours les plus sombres, quand le moral n'est pas au beau fixe, l'être humain a su opposer le rire à ses malheurs du moment. Il a su trouver dans le rire cette décharge d'énergie, cette vitalité dans la drôlerie qui secoue le corps, gonfle le cœur et recharge les batteries. De l'avis des médecins, le rire posséderait des vertus cathartiques et thérapeutiques. Rire détournerait l'attention des soucis. On aurait donc tort de se priver de cet antidote à une déprime lancinante. Rire régulièrement réduirait aussi le stress, l'anxiété, la tension artérielle. Une franche rigolade relâche en effet les tensions du corps, détend les muscles et favorise la circulation sanguine. Au-delà de ses bienfaits sur la santé, sur l'humeur et de ses effets thérapeutiques, le rire rend sympathique (et même séduisant). Ce n'est pas un hasard si nombre de personnalités publiques, surtout en Amérique du Nord, ont coutume d'entamer leur discours « sérieux » par quelques bonnes blagues. Le rire s'introduit même en milieu professionnel, histoire de détendre l'atmosphère, souder les liens, stimuler la créativité et débrider l'imagination. Pour cultiver l'art de faire rire, il est préférable de s'entourer de personnes qui aiment rire, tourner en dérision une situation cocasse, cumuler les mots d'esprit et les « bons mots ». Vous pouvez aussi vous entraîner en reprenant contact avec votre « clown intérieur ».

Bienvenue aux clubs du rire !

Vous n'avez pas le cœur à rire ? Vous manquez de sens de l'humour ? Vous êtes exposé à des situations de stress élevé ? Heureusement, il existe des solutions comiques. Pour déployer votre capacité à rire et à faire rire, inspirez-vous de l'art des humoristes en assistant à leurs spectacles ou en lisant leurs recueils de blagues. Si vous en avez les moyens, utilisez les services d'apprentis humoristes ou de spécialistes en « humorisation » des discours qui sauront ponctuer votre présentation annuelle de quelques bonnes blagues bien placées devant vos collègues. Amusez-vous à rechercher les bons mots auprès de vos amis en évitant, toutefois, de froisser les susceptibilités, de tomber dans la moquerie, de pratiquer l'humour noir ou de prendre un ton sarcastique. Efforcez-vous surtout d'adopter un regard décalé sur les situations en inversant les rôles, en relativisant la gravité d'une action, en ciblant l'anecdotique… Si vous ne parvenez pas à trouver le rire par vous-même et si vous êtes sensible au rire communicatif, vous pouvez vous tourner vers les clubs de rire répartis un peu partout en France et ailleurs. Ces ateliers et clubs collectifs du rire, au nombre de 5000 à travers le monde, possèdent, pour la plupart, des sites Internet. Ils s'inspirent notamment de la technique du rire développée par le docteur indien Madan Kataria. Ils offrent des ateliers d'apprentissage ou de rééducation du rire par des exercices collectifs et pratiques de rires et autres pitreries.

À RETENIR

« Le rire est le chemin le plus direct entre deux personnes », disait Charlie Chaplin. Au-delà du rire communicatif et jouissif, le meilleur rire est le rire explosif, celui qui libère des tensions et des contrariétés au quotidien. Savoir rire, c'est être capable de s'esclaffer des drôleries de la vie quotidienne. Saisissez toutes les occasions d'en rire !

Savoir rire aux éclats augmenterait la qualité de vie, voire même la durée de vie. Le rire dédramatise et aide à combattre la morosité dans les pires situations. Vous souvenez-vous de la dernière fois où vous avez éprouvé cette envie irrésistible de rire, qui monte, monte et se libère soudainement ? Lâchez votre fou dès que vous le pouvez.

Une vague de fous rires est en train de déferler en Occident à travers les nombreux clubs de rire qui se répandent un peu partout, une franche rigolade. Outre la bonne humeur immédiate, cultiver son envie d'en rire permet d'aborder la vie avec plus d'humour et de légèreté. Prendre le temps de rire ensemble rend encore plus joyeux l'instant présent.

Savoir regarder la vie du bon côté

« Prenez le temps de chanter, de rire, de vous amuser. Tout le monde sait bien qu'après tout la vie est souvent jolie quand on la prend du bon côté. »

Charles Trenet

Témoignage

« Je ne profite jamais très longtemps de l'instant présent. Très vite, je me laisse déborder par les affaires à traiter et toutes sortes de demandes. La panique s'empare de mon esprit. J'anticipe tout ce qui peut survenir de pire si je ne remplis pas toutes mes tâches. Mon mari me dit sans cesse de laisser faire et de laisser dire, que je me fais une montagne d'une taupinière… Je le sais mais c'est plus fort que moi. Je ressasse une phrase dite. Je cogite sur un comportement maladroit qui m'a blessé. Parfois, un simple regard froid et distant suffit à déclencher le cercle infernal de mes angoisses perpétuelles. Pourquoi a-t-il agi ainsi ? L'ai-je contrarié ? Que vais-je faire ? Comment va réagir mon entourage ? On m'a déjà dit que je ne vois que la moitié du verre vide. Mais j'ai beau essayer de me focaliser sur sa moitié pleine, c'est l'autre moitié qui retient mon attention. Je n'arrête pas de disséquer le moindre incident. Un seul petit dérapage et me revoilà à décrypter mes idées noires ou celles des autres (supposément) noires. J'envie tellement les gens qui savent profiter de la vie, prendre les choses à la légère sans en faire tout un plat. Peut-être que je m'investis trop émotionnellement. Mon mari a probablement raison : mes sautes d'humeur sont sans doute liées à ma manière de tout prendre de façon personnelle. Est-ce que quelqu'un pourrait me

dire comment profiter des bons côtés de la vie en laissant sur le bord de la route tous les autres aspects négatifs ? »

Claire, 41 ans

Un peu de théorie

S'aérer l'esprit

Profiter agréablement de l'instant présent, c'est si facile pour qui sait prendre naturellement la vie du bon côté ! Regarder le côté positif des événements, à quoi cela tient-il ? Pour l'essentiel, c'est un état d'esprit qui tient en quelques mots : une vision claire et sereine des situations, l'habitude de regarder la moitié pleine du verre plutôt que la moitié vide, la faculté à prendre du recul et à se tenir à bonne distance des événements. Trop souvent prompts à prendre les choses à cœur, nous prenons aussitôt la mouche ou nous montons sur nos grands chevaux. Nous nous emportons. Nous pouvons aussi nous sentir incompris et ressasser pendant des heures. Prendre alors un grand bol d'air intérieur est loin d'être évident ! Il faut plus qu'une échappée belle au grand air pour s'aérer l'esprit. Pour prendre la vie du bon côté, il s'agit de trouver une façon d'être présent à ce que l'on vit dans l'instant sans « prise de tête ». Car « se casser la tête » ou « se triturer l'esprit » facilite rarement cette prise de recul salutaire dans le vif de l'action, au cœur des émotions. Le psychologue Richard Carlson, auteur de *Ne vous noyez pas dans un verre d'eau*, suggère d'arrêter net l'avalanche de pensées négatives, et son effet « boule de neige » mentale, en les repoussant d'un revers de main. *« Dans l'instant présent, vous avez la faculté de choisir quelle pensée va siéger dans votre esprit »*, écrit-il. Allez, hop ! On repousse les pensées envahissantes et on s'allège l'esprit.

Prendre un peu d'altitude

Il existe d'autres saines habitudes mentales pour voir le bon côté des choses, dans ce qu'on entreprend dans la vie. Avancer dans l'existence le nez dans le guidon, sans tomber face à terre et sans se retrouver plaqué au sol, relève du vrai défi. Et si on s'efforçait plutôt de relever le nez pour prendre un peu d'altitude sur les événements ? Cela s'appelle : prendre du recul. Il arrive souvent que, sous le choc des émotions, le moindre conflit et la plus petite difficulté prennent la proportion d'une montagne. Avant de vous atteler à la gravir, prenez de la hauteur, autrement dit détachez-vous des faits : la montagne vous apparaîtra ridiculement petite et facile à franchir. Comment faire pour parvenir à ce niveau de conscience ? Première stratégie : recadrer la situation dans son contexte. Que s'est-il passé ? Que s'est-il dit ? Avec quelles conséquences ? Décrivez seulement les faits en adoptant le regard neutre d'un observateur. Deuxième stratégie : relativiser pour désamorcer l'impact. Demandez-vous : quelle importance aura cet incident dans une semaine, un mois ou un an ? Sinon, dites-vous que « ce qui ne vous tue pas vous rend plus fort » ! Et de trois : remettre les choses à leur place. Faites la liste de ce qui va bien dans votre vie. Efforcez-vous de considérer l'enjeu de la situation à partir du regard ou des intérêts de votre interlocuteur. Puis, recréez visuellement la scène en repérant le côté positif ou instructif de la situation. Qu'avez-vous appris ?

Cultivez l'optimisme

Cultiver l'optimisme sans tomber dans la naïveté béate ou l'esprit positif à tous crins, c'est possible. Cette habitude mentale a partie liée avec le plaisir de vivre. Voilà pourquoi l'optimiste tend à voir d'abord le bon côté des choses ! Un optimiste ne nie pas les côtés sombres de l'existence : il a juste confiance en sa capacité d'action pour faire bouger les choses, du moins pour influencer le cours des événements. Même s'il a conscience que tout n'est pas rose en ce monde, il sait tout aussi consciemment qu'on aurait tort de négliger « ce qui va bien » au profit de ce qui va mal. Il comprend que s'attarder sur ce qui est négatif est stérile. Si l'optimiste semble se défendre des pessimistes entêtés et convaincus que « tout va mal », c'est souvent pour marquer son territoire. Les idées noires des pessimistes possèdent une certaine force d'inertie et de fatalisme qui peut décourager toute volonté positive créative. Le pouvoir de l'optimisme tient justement à sa volonté de tabler sur les aspects positifs de la réalité pour faire avancer les choses. Car l'optimiste ne se laisse pas si facilement décourager par des propos alarmants. Grâce à son esprit positif, il est capable de percevoir le bon à côté du mauvais. Il peut être touché par la beauté d'une action quand bien même le monde serait très laid. Il sait triompher de l'inquiétude car il trouve toujours des solutions (même imparfaites). Pour l'optimiste, quand une porte se ferme, une fenêtre peut s'ouvrir…

À RETENIR

Êtes-vous fatigué d'être fatigué ? Vous préféreriez garder le moral dans la tourmente plutôt que de vous laisser envahir par un essaim de pensées anxieuses ? Dites non à ce discours silencieux négatif qui vous triture l'esprit et finit bien souvent en mal de tête. Allez, on s'aère l'esprit, on se rafraîchit les idées et on chasse les pensées noires.

« Ce ne sont pas les choses qui troublent les hommes, mais l'opinion qu'ils en ont », disait Épictète. À défaut de pouvoir changer les événements, on peut changer notre regard sur ceux-ci. Savoir recadrer les choses, les relativiser et les mettre à leur juste place s'apprend. Avec un peu d'habitude, vous saurez dédramatiser ce qui vous trouble.

Développer un regard positif sur le monde fait naître des sentiments agréables. On est plus porté à voir les côtés positifs de la vie qu'à se focaliser sur ses côtés sombres. On favorise les idées constructives sur la critique systématique. On a tout à gagner d'une volonté résolument optimiste, à commencer par profiter positivement de la vie.

Se sentir bien chez soi à tout moment !

« Alors, je songeai à mettre de l'ordre dans mes papiers. Voici longtemps que je songeais à cette besogne d'épurer mes tiroirs ; car depuis trente ans, je jette pêle-mêle dans le même meuble mes lettres et mes factures, et le désordre de ce mélange m'a souvent causé bien des ennuis. »

Guy de Maupassant

Témoignage

« Chaque jour, à peine la porte de mon chez-moi franchie, je me retrouve dans un tel fouillis que je ne sais plus où poser le pied. Le désordre de mon studio me renvoie en plein visage le reflet de ma vie désordonnée, éparpillée en mille projets en chantier, débordée d'affaires sans queue ni tête. Trop, c'est trop. J'ai décidé de recourir aux services d'une décoratrice d'intérieur avec le désir secret qu'elle utilise une baguette magique pour transformer tout cela. Pas question pour autant de me changer en un modèle de femme rangée, toujours impeccablement soignée et organisée. Et pas question de me lancer dans de folles dépenses avec l'achat d'un nouveau mobilier ou d'œuvres d'art aussi coûteuses que précieuses. Mais un peu d'ordre et d'air frais... est-ce possible à petits frais ? La décoratrice qui s'est présentée à moi ne s'est pas mise à crier en constatant l'état inesthétique de mon chez-moi. C'est déjà ça. Non, elle a plutôt suggéré de réaménager mon espace intérieur pour se déplacer et respirer plus librement. Le simple fait d'avoir modifié la disposition de certains meubles a

créé plus d'espace. Elle a mis en valeur mes souvenirs en les désencombrant de toutes les choses inutiles qui trônaient ici et là. Elle a métamorphosé de vieilles choses en trésors du passé. Mes vieux rideaux ont fait place à des tissus en fibre naturelle. Pour moi, elle est surtout une « styliste de vie », dotée de l'immense talent de savoir transformer l'ordinaire en extraordinaire. »

Véro, 26 ans

Un peu de théorie

Faites entrer la lumière et jouez avec les couleurs

Vos sensations de l'instant présent sont plus intenses que jamais. Voici venu le moment de profiter du présent comme on cultive un art de vivre en prenant quelques bonnes et nouvelles habitudes de vie ! Cultiver l'ambiance de son chez-soi participe de ces habitudes tant celle-ci peut avoir une influence significative sur votre qualité de vie. Pour créer un espace harmonieux, accordez notamment une attention particulière à l'éclairage. Transformez en havre de paix les pièces où vous aimez passer le plus de temps. Une lumière tamisée, des couleurs chaudes, douces et soyeuses invitent à la relaxation et au bien-être. Le matin, il est bien agréable de se réveiller avec la lumière du jour. Pour profiter au maximum de la lumière naturelle, suivez la trajectoire du soleil. Si vos pièces sont étroites, posez des miroirs devant ou près des fenêtres pour mieux répartir la lumière. Si la lumière naturelle vous aveugle, un rideau très fin peut suffire à tamiser les rayons du soleil sans obscurcir l'intérieur. Pour un aspect plus joyeux et plus original, les vitraux appliqués aux fenêtres colorent la lumière du jour. Le soir, vous appréciez les ambiances feutrées ? Choisissez des bougies parfumées en fonction de l'effet recherché : lanternes suspendues, bougies flottantes, chandelles décoratives… Les couleurs jouent sur l'humeur. Recherchez les conseils d'un professionnel sur le choix de teintes à votre goût et les combinaisons possibles, en jouant avec les nuances ou les contrastes.

Organisez et épurez votre espace de vie

Apprécier et améliorer son espace de vie, se sentir à l'aise dedans, se créer un petit coin de bonheur chez soi peut nous emplir de joie et de gratitude. Il n'est nul besoin d'habiter un palace pour se sentir heureux et fier de ce que l'on a. Demandez-vous : votre décoration intérieure reflète-t-elle votre personnalité ? Quels sont les objets qui vous évoquent le plus de souvenirs ? Dans quelle pièce aimez-vous vous retirer le plus souvent ? Dans laquelle aimez-vous recevoir ? Idéalement, il devrait y avoir des pièces de vie commune et un coin personnel. Chaque pièce devrait avoir sa fonction propre et être aménagée selon cette fonction. Interrogez-vous : quelle part de ma vie se manifeste dans cet espace-là ? Certains choisissent une personnalité différente pour chaque pièce. D'autres donnent un nom à chacune, par exemple « mon refuge » pour la chambre ; « mon centre beauté » pour la salle de bains ; « mon jardin de saveurs » pour la cuisine, etc. Pour cet aménagement intérieur, il est indispensable d'éviter le désordre. Par exemple, cessez de perdre un temps précieux à trier vos papiers en jetant, recyclant ou classant régulièrement vos documents dans des boîtes prévues à cet effet. Désencombrez placards et armoires. Jeter, recycler et donner. N'accumulez pas des objets inutiles. Pour finir, faites le grand ménage intérieur en toute conscience : faites place nette sur vos tables et comptoirs, faites briller vos vitres, respirez l'odeur fraîche du linge de maison…

Réalisez vous-même les petits travaux

Réaliser soi-même de petits travaux pour entretenir la beauté et la durabilité des choses procure un sentiment de satisfaction au quotidien. Pour plus de plaisir, essayez de transformer chaque petite tâche en activité ludique ou en activité qui aurait un autre sens, plus profond. Par exemple, imaginez qu'en repassant chaque pli, vous défroissez des problèmes. En arrosant les plantes, vous rafraîchissez votre intérieur. En cuisinant avec soin, vous faites plaisir à vos convives. En recousant un vêtement, en rénovant un meuble, en réparant un objet, au lieu de les jeter, vous participez à préserver la planète de nouveaux détritus. Embellir son intérieur, c'est aussi en prendre soin et c'est l'occasion de développer son sens esthétique et créatif. Une petite touche de peinture par ici, un peu de plâtre par là, et vous contribuez par tous ces petits gestes à rendre votre intérieur plus accueillant et à vous y sentir mieux. Un lieu agréable témoigne aussi du respect que vous vous portez. Les petits objets « faits maison » sont souvent des motifs de satisfaction, en plus de coûter moins cher. Vous pouvez créer un cadre pour une note écrite à la main, une photo prise sur le vif ou une carte d'anniversaire, et les disposer sur un meuble comme autant de petits souvenirs transformés en objets décoratifs. Rassemblez ensemble tous les objets d'une même catégorie comme s'il s'agissait d'une collection personnelle.

À RETENIR

Il est plus facile de profiter de l'instant présent dans un intérieur agréable et accueillant. Apportez une touche éclatante à votre intérieur en l'éclairant judicieusement. Jouez avec les couleurs pour rehausser votre quotidien. Pour de longues soirées passées à se détendre dans le salon ou dans la chambre, préférez une lumière douce et tamisée…

Votre intérieur reflète votre personnalité. Le mobilier, les tissus et les objets personnels peuvent animer une pièce de façon créative en exprimant vos goûts personnels. Mais ce n'est pas une raison pour surcharger votre intérieur ! Reprenez le contrôle de votre intérieur en vous débarrassant du superflu, de l'inutile et de l'encombrant !

Entretenir son intérieur en réalisant soi-même de menus travaux, c'est agréable et c'est bon pour le moral. Outre la satisfaction de l'avoir fait soi-même, on profite du sentiment de participer à embellir les choses en en prenant soin. C'est un peu comme si on s'occupait soi-même de concevoir un art de vivre !

Parvenir à des instants de sérénité personnelle

« Il y a des instants qu'on voudrait voir durer la vie entière. Cela tient à une secrète plénitude, à un mystérieux apaisement en nous de l'inquiétude, cette autre forme du désir. »

Jean-Paul Pinsonneault

Témoignage

« J'ai appris à vivre l'instant présent, ici et maintenant, quand j'ai cessé de lutter contre moi-même et mes fantômes. Après un risque d'infarctus, j'ai pris le temps de la réflexion sur mon comportement dans la vie et ma vision des choses. Toujours sur le qui-vive, j'ai longtemps pensé que vivre, c'était gagner en remportant des points sur ses adversaires. Comme j'évoluais dans un milieu hautement compétitif, je vivais constamment assiégé par mes concurrents, oppressé par tout ce qui pouvait contrarier mes affaires. J'en oubliais de vivre le présent. Depuis longtemps, j'avais acquis la sécurité matérielle à laquelle j'aspirais et mes principaux objectifs avaient été atteints. Mais au lieu du bonheur attendu, je continuais à vouloir me battre. Comme je suis un homme d'action, ce mode de vie me reflétait en partie. Lorsque j'ai commencé à éprouver des malaises cardiaques, j'ai su qu'il me faudrait réduire la cadence. Le problème était qu'aucun de mes associés n'avait ma hargne pour protéger nos intérêts comme je l'entendais. Et puis, mon principal adversaire a changé de camp : il n'était plus en affaire mais en moi. Je devais l'emporter sur cette diminution physique qui risquait de me coûter la vie. Volte-face : j'ai pris un

congé sabbatique. J'ai alors découvert la colère qui sommeillait en moi sans motif apparent. Au cours de nos échanges, un maître spirituel m'a aidé à apaiser mon tourment. J'y ai gagné une force tranquille et une sérénité, inconnue jusque-là. »

Michel, 50 ans

Un peu de théorie

Trouver la paix intérieure

Qui n'a jamais rêvé de vivre l'instant présent en toute quiétude ? De la sérénité avant toute chose : nous en rêvons tous, nous l'atteignons rarement. L'image d'un être qui, par sa sagesse, conserve un calme à toute épreuve, que rien ne trouble, pas même les secousses de la vie, est clairement idéaliste, sauf si on accepte de se retirer du monde et de se couper de toutes relations humaines. Cela dit, il n'est pas donné qu'aux maîtres zen de vivre une certaine tranquillité, dans la sérénité de l'âme, du cœur et de l'esprit. Sur le chemin de la sérénité, il y a d'abord l'acceptation de ce qui est et de ce qui ne dépend pas de soi. Sur ce chemin, nous trouvons aussi la sérénité de l'esprit liée à l'apaisement du cœur. Il s'agit clairement de vivre en paix avec soi-même, de trouver un certain calme mental. Pour cela, il est nécessaire d'apaiser ses doutes, ses souffrances, en pacifiant ses conflits avec les autres ou, encore, en se pardonnant ses propres erreurs de parcours. Le sentiment de paix intérieure adoucit l'existence et permet une réelle qualité de présence. Toutefois, pour y parvenir, il vaut mieux parfois déposer les armes, retirer son armure et considérer sereinement et honnêtement ce qui s'agite au fond de nous sans chercher de coupables et sans se mettre sur la défensive. Pour parvenir à la sérénité, sa sainteté le dalaï-lama dit notamment que *« comprendre le sens de ce que nous vivons permet d'apaiser et de dépasser la souffrance éprouvée »*. Réfléchissez-y.

Chercher sa voie

Trouver la sérénité à chaque instant tient parfois au fait d'avoir trouvé sa propre voie. Quelle joie immense de vivre le quotidien avec la certitude d'être en accord avec soi-même et d'accomplir chaque jour sa mission ou sa vocation dans la vie ! Le dalaï-lama pense aussi que *« l'essentiel pour être heureux est d'être satisfait de ce que vous êtes et de ce que vous avez dans le moment présent »*. Il qualifie de *« contentement intérieur »*, ce sentiment de satisfaction personnelle. Les philosophies et les religions occidentales et orientales sont nombreuses à promouvoir une philosophie du quotidien du « bien vivre » irrigué par l'amour ou la foi en ce qu'on fait. Cette confiance en qui on est et en ce qu'on fait irradie la vie de joie,de paix et de bonheur. Pour ressentir une telle sérénité et un tel bien-être, chacun doit trouver son propre mode d'emploi et tracer son itinéraire de vie. Par exemple, cette sérénité se manifeste lorsqu'on a l'impression d'être ici et maintenant, au bon endroit et au bon moment. Il peut s'agir aussi de répondre à un désir profond que l'on ressent, en allant au bout de soi-même dans l'action. Cela peut être encore de réaliser son plein potentiel en donnant, chaque jour qui passe, le meilleur de soi-même. Le questionnement primordial est : qu'est-ce qui vaut la peine d'être vécu dans une vie ? Qu'est-ce que j'aimerais laisser en héritage à ceux qui me succéderont ? Réfléchir à ces questions conduit à mener une vie dont on a plus conscience.

Faire appel au silence

La vie nous lance continuellement des défis. Bien difficile pendant ces moments-là de ne pas se laisser submerger par les événements, par ses émotions et de rester imperturbable ! Pourtant, même au milieu de la tempête, certaines personnes disent avoir éprouvé, contre toute attente, une étrange plénitude, un état plein de l'instant présent, une présence dans la présence. Sans doute, il arrive plus souvent que cet état de plénitude surgisse après l'épreuve, dans le désir satisfait et l'attente comblée. Tumulte ou pas, la vraie sérénité s'éprouve dans ce sentiment de plénitude. Un jour, on ouvre les yeux et notre vie nous apparaît pleine « du tout ». Des affirmations comme « tout est là » ou « rien ne manque » créent alors l'impression que ce qui est là occupe tout l'espace, remplit tout le temps présent et nous-mêmes. Qu'il est bon de se sentir comblé par l'absence de souffrances, de manques, et même de désirs ! Soit ! Mais quand on n'a jamais ressenti une sensation aussi vertigineuse, comment procéder pour la provoquer la première fois ? Un conseil : commencez par renoncer à tout analyser. Ne réfléchissez pas. Respirez. Canaliser ses émotions aide aussi à garder son sang-froid et son équilibre. Enfin, sachez que nombreux sont ceux qui témoignent avoir trouvé les chemins de la sérénité dans la prière, la méditation, la contemplation, le silence, la lecture ou le chant. Cherchez votre propre chemin en vous et peut-être que vous découvrirez de nouvelles contrées intérieures.

À RETENIR

Difficile de vivre sereinement l'instant présent si l'on passe le plus clair de son temps à batailler contre les événements ou les décisions qui nous contrarient. Si pour vous la vie est une lutte permanente pour votre survie, il y a peu de chances que vous ressentiez souvent ce bien-être intérieur. Et si vous déposiez vos armes et votre armure ? Songez-y.

Il existe un véritable bonheur paisible à être là au bon endroit et à faire les choses au bon moment. Cette douce sérénité est à la portée de ceux qui se connaissent bien et choisissent leur propre itinéraire de vie. Efforcez-vous de trouver un rôle qui vous colle à la peau et ressentez comme il est apaisant (et gratifiant) de faire ce pour quoi on est là !

Faire le silence autour de soi peut être une façon de faire le calme en soi. Mais heureusement, ce n'est pas la seule façon d'atteindre la sérénité. Efforcez-vous davantage de faire taire en vous le bruit de toutes ces paroles intérieures qui s'entrechoquent et vous épuisent. Même en pleine tempête, il est possible de garder son calme et son équilibre !

Booster sa créativité au jour le jour !

« Si votre quotidien vous paraît pauvre, ne l'accusez pas. Accusez-vous vous-même de ne pas être assez poète pour appeler à vous ses richesses. »

Rainer Maria Rilke

Témoignage

« Quand je crée, quand je transforme, je suis dans l'instant présent, corps et âme, en prise directe avec mes émotions. Une idée peut avoir effleuré ma conscience et c'est tout un déluge d'images qui émergent et demandent à se matérialiser en sculpture. Le besoin de prendre mes outils et de me mettre au travail s'impose autant qu'une nécessité impérieuse et irrépressible. Je m'abandonne complètement à mon inspiration. Et ce sont alors mes mains qui me guident dans ce processus de création. Je pétris l'argile, la façonne, la modèle jusqu'à ce que mes mains parviennent à imprimer dans le bloc malléable cette image mentale. L'argile commence alors à prendre une forme humaine. Je cherche à débarrasser la terre cuite de tout ce qui n'est pas cette forme. Mes gestes sont généralement alertes pour extraire le visage et le buste de cette matière brute. Je ne procède pas tout de suite au fignolage des détails. Quand je suis à ce point absorbée, tout ce qu'il y a autour de moi s'estompe. Sculpter la matière me transporte hors de moi. Seul l'objet mobilise toute mon attention. En dehors de mon art, j'exerce ma créativité en me laissant émouvoir, en capturant un instant « pas comme les autres », riche de sens ou de poésie. À un instant précis, je peux croquer sur le vif une expression de visage, capter une luminosité parfaite ou un relief visuellement intéressant. La création

m'apporte une qualité de vie unique. Mon plaisir de créer est insatiable et inusable. »

Sophie, 32 ans

Un peu de théorie

Donner libre cours à son élan créatif

Savourer l'instant présent est en grande partie influencé par notre aptitude à explorer notre créativité. Sachez que la créativité n'a pas seulement sa place dans un cours d'art. Elle n'est pas davantage réservée à une élite artistique. À tout moment, elle peut jaillir dans le moindre petit acte quotidien chez chacun de nous, avec une pincée d'originalité et une étincelle de fantaisie. D'où vient que certains se sentent parfaitement incapables de la moindre créativité ? Le poids des contraintes et des procédures peuvent avoir atrophié leur liberté d'expression et d'initiative. Il y a aussi tous les effets « créaticides » d'une éducation aux principes rigides, l'esprit conformiste « bien-pensant », la faible prise de risque liée aux résistances, au changement, la force d'inertie du « prêt-à-penser » ou la dictature du « bon goût ». Tout cela peut les bloquer. Sans oublier leur propre autocensure par crainte de la critique (même silencieuse) ou du « qu'en dira-t-on » qui peut cadenasser leur imagination. Pour libérer son élan créatif, il en faut parfois peu, comme porter un regard neuf sur les choses, aborder une situation sous un nouvel angle, imaginer des voies inexplorées ou des variantes à un produit ou un service, etc. Ne craignez pas les idées les plus saugrenues, décalées ou insensées. L'idée géniale n'est peut-être pas loin !

Réveiller l'être créatif en vous

Découvrir vos talents cachés ? *« Peine perdue »*, pensent certains. Pas si sûr, si l'on considère que la créativité est une tournure d'esprit avant d'être un talent exceptionnel. Il est possible d'être créatif dans l'art d'inventer un nouveau plat, d'enseigner à un enfant, d'agencer une tenue vestimentaire, de composer un bouquet de fleurs, d'imaginer un air de musique, d'élaborer un pas de danse, de tourner des situations en blagues, de bricoler un objet, etc. Il n'existe pas un seul modèle de créativité. À chacun ses talents et sa petite étincelle d'ingéniosité. Qu'il s'agisse de résoudre un problème pratique ou d'exprimer une forte émotion, libérez votre créativité ! Laissez-vous aller ! Ne réfléchissez pas ! Laissez-vous inspirer par les ressorts de vos émotions ! Peu de personnes ont conscience des trésors d'imagination qu'elles possèdent. Imaginez un instant que tout, absolument tout, soit permis ou possible. Que feriez-vous pour enrichir votre quotidien ? Comment aimeriez-vous exprimer ce qui bouillonne dans votre esprit ou dans votre cœur ? Bien sûr, le principe de réalité demande que vous composiez avec les contraintes matérielles et sociales de la vie. Toutefois, chaque fois que vous vous autoriserez à vous laisser inspirer par votre « sixième sens », vous ressentirez l'excitation d'apporter une touche personnelle à votre environnement. L'instant vécu n'en sera que plus riche de satisfactions !

Des idées pour attiser votre créativité !

Attiser sa créativité peut réellement enrichir votre quotidien. En stimulant vos sens artistiques, vous serez plus sensible à la beauté autour de vous. Il suffit parfois de quelques connaissances supplémentaires en musique, en peinture ou en danse pour accéder à une symphonie d'émotions esthétiques. Demandez-vous quelle forme artistique vous inspire le plus ? En exprimant votre créativité, vous insufflez aussi plus de vie à votre quotidien. Pour éveiller votre imagination, écrivez chaque jour quelques lignes, peignez des figures abstraites, réalisez une vidéo rigolote, inventez une chorégraphie, etc. Pour semer des graines de créativité au quotidien, considérez-les un peu comme un jeu. Car la créativité passe par le jeu, comme l'avait si bien compris le psychiatre et pédiatre britannique Donald W. Winnicott. Commencez, par exemple, par modifier de petites choses chez vous pour élargir votre regard. Essayez de déplacer un objet ou un meuble, changez la couleur d'un mur, ajoutez une touche d'originalité à une pièce, transformez l'usage d'un objet, etc. Dès que vous en aurez l'occasion, pourquoi ne pas visiter un musée, assister à un spectacle de danse, de théâtre ou faire vibrer votre oreille musicale. Participez à des ateliers artistiques. Peu à peu, l'existence vous apparaîtra pleine de poésie ou de riches possibilités !

À RETENIR

Dites non à ce qui peut bloquer votre imagination ou inhiber votre sens créatif ! Si vous vivez dans un milieu où toute étincelle d'originalité est plutôt mal vue, conservez votre liberté intérieure (ce jardin secret) de penser différemment et de voir les choses autrement. Votre monde n'en sera que plus riche de possibilités !

La créativité peut transformer le quotidien d'une manière joyeuse. L'esprit créatif refaçonne l'univers selon sa fantaisie et apporte souvent des solutions originales à des problèmes communs. La prochaine fois que vous vous sentirez fatigué, tentez l'expérience de ré-enchanter votre quotidien par quelques touches de créativité !

Les idées créatives ne manquent pas. À vous de trouver ce qui exprime le mieux votre personnalité et votre monde intérieur. Joignez-vous à un groupe pour apprendre un nouvel art ou explorer de nouvelles facettes de votre plaisir créatif ! Montrez à votre entourage vos productions et accueillez les commentaires sans remise en questions.

S'ouvrir à de nouveaux horizons au fil du temps !

« Je me réveillais à l'aurore. Jamais, jamais je n'ai vu la blême aurore [...] ailleurs qu'en chemin de fer. Alors, il y avait un long espace de temps entre le départ et l'arrivée. Jadis on voyageait. Désormais, on est transporté. »

Jean Guitton

Témoignage

« Cela peut paraître paradoxal mais je me sens pleinement « ici et maintenant » quand je suis « ailleurs », pas nécessairement à l'autre bout du monde mais tout simplement hors de chez moi, de mon petit bout de pays. Mon esprit n'est jamais aussi alerte que lorsque je converse avec un étranger ou que j'éprouve mes capacités à m'adapter à l'étrangeté des lieux et des usages. Cloué sur le sol de mes ancêtres, je perds mes réflexes et ma vitalité. Toujours sur le départ, je me sens fébrilement vivant. À quelques heures de franchir le seuil de ma maison, la valise encore ouverte, je sens l'euphorie monter en moi comme un enfant sur le point d'ouvrir ses cadeaux de Noël. Je saute dans un taxi. La tête sur le repose-tête, je me laisse conduire à la gare ou à l'aéroport. Quel sentiment de liberté que de partir ainsi à la hâte, presque à la sauvette, avec la perspective d'être parachuté en quelques heures, ou du jour au lendemain, dans un « autre monde », de poser le pied sur un sol étranger, parfaitement inconnu, avec son lot d'imprévus et d'insolites qui me tendent les bras. N'importe quelle expédition me comble, du moment qu'elle me permet

de décrocher d'un coup. Parfois, un simple détour sur ma route me permet de m'évader. Je sais que tout est fugitif dans la vie. Alors, il me faut en profiter tout de suite, suivre mes envies et découvrir le plus possible des petits bouts du monde. »

Jérémy, 28 ans

Un peu de théorie

Décrocher en vacances

Profitez des vacances pour décrocher de la routine et vous reconnecter à l'instant présent. Besoin de vous détendre et de vous éloigner de vos tracas ? Partez à l'aventure ! N'hésitez pas ! Voyager et explorer d'autres endroits du monde peuvent modifier votre état d'esprit. Les voyages insufflent de la nouveauté dans le déjà-vu ou le trop bien connu. À l'heure des vacances « organisées » et « planifiées », les imprévus du voyage et les chocs culturels deviennent parfois choses du passé. La tentation de remplir son agenda d'activités programmées suivant des horaires précis et d'orchestrer ses vacances par la lecture de guides touristiques est grande. Certes, les vacances demandent un minimum d'organisation, surtout lorsqu'on voyage en famille. Mais avez-vous déjà fait l'expérience de découvrir un lieu inconnu au hasard, sans carte routière ni guide ? Vous sentiriez-vous capable de sortir sans montre ni agenda ? Vous arrive-t-il de changer vos plans au dernier moment pour suivre un itinéraire improvisé, au gré de vos envies ou des rencontres ? À l'obsession de « réussir » vos vacances, de ne rien manquer, préférez l'art de profiter de ce « temps libre », de cet espace « hors de l'ordinaire », à votre façon, selon vos choix d'itinérance. À l'habitude de « consommer » les produits et les circuits touristiques, préférez plutôt plus d'authenticité. Ce voyage-là rend plus profitable l'instant présent.

Laissez-vous dépayser !

Voyager est un excellent moyen de s'ouvrir à de nouveaux horizons, de découvrir d'autres façons d'habiter le monde et de vivre intensément le présent. Pour certains, leur cœur palpite au rythme des voyages. Le bonheur de cet *homo vacancius* est plus léger quand ses désirs s'expriment librement, au jour le jour, dans l'instant. Il donne l'impression de vivre davantage au contact de l'inconnu, au cœur de l'action. Observez comme il aime se jeter à corps perdu dans l'aventure, sans aucune appréhension ! Alors que les voyages réveillent parfois chez d'autres d'insoupçonnables désirs et de sourdes angoisses, cet aventurier n'hésite pas à mettre ses repères à rude épreuve, à éprouver ses capacités d'adaptation sur le terrain. Vous vous dites peut-être que la vie d'explorateur ou de bourlingueur est à milles lieues de votre existence plus rangée et de votre personnalité ? Sachez qu'il n'est pas nécessaire de mettre la clé sous la porte et de partir en baluchon vers de folles aventures pour se laisser surprendre, ressentir le trouble passager d'être déstabilisé. Nul besoin de contrées exotiques pour vivre de nouvelles émotions, souvent mises en veilleuse et invisibles en temps « normal ». Alors comment faire ? Considérez vos déplacements comme un voyage qui peut vous amener à découvrir ce à quoi vous ne vous attendiez pas. Restez ouvert à ce que vous découvrez. Laissez-vous dépayser par la nouveauté. Qui sait si au bout du voyage, votre existence n'aura pas pris quelques couleurs !

Des découvertes au fil du voyage

En voyage comme en déplacement, prêtez attention à l'insolite et aux rencontres fortuites. Privilégiez la gastronomie locale aux grandes chaînes de restauration. Certains voyageurs préfèrent loger chez les habitants locaux plutôt que dans les lieux aseptisés et uniformisés des entreprises hôtelières. Laissez-vous accueillir par des personnes pour qui préparer votre accueil n'est pas une fonction professionnelle. Ne transportez pas vos préoccupations dans vos bagages. Débranchez-vous (si possible) de votre accès au réseau informatique, de vos téléphones portables, de vos dossiers et de tout ce qui peut vous garder connecté à votre vie au bureau. Lâchez prise et vous n'aurez pas besoin de prise Internet. Tenez un carnet de voyage pour y noter chaque jour vos impressions, les petits détails observés, certaines images qui vous ont frappés. Pour mieux apprécier de l'intérieur un nouveau cadre de vie, il est préférable de se fondre dans la foule plutôt que de chercher à « se faire voir ». Laissez votre « look » vacancier dans les vestiaires ! Quel que soit l'endroit où vous vous trouvez, promenez votre regard sur la vue panoramique. Faites un repérage des lieux. Puis attardez-vous sur les petits détails. Au-delà des paysages ou des monuments, soyez sensible aux couleurs des ruelles, aux odeurs d'un marché, aux bruits de l'animation quotidienne. Aiguisez votre sens de l'observation et profitez du bonheur de l'instant !

À RETENIR

Vous voulez vivre intensément l'instant présent ? Alors quittez vos pantoufles (zone de confort) et sortez découvrir la riche diversité du monde ! À qui sait faire preuve d'ouverture d'esprit sur le monde, il n'y a pas de « temps mort ». Le goût de la nouveauté chasse l'indifférence.

Vous avez quitté votre zone de confort et vous voilà en terrain inconnu. Parfait ! Ne replongez pas dans la (triste) sécurité de tous les sentiers balisés, des circuits réservés au tourisme de masse et des activités programmées sur mesure. Accordez-vous la liberté de découvrir de nouveaux horizons, à votre rythme et selon vos désirs !

Promenez-vous sans but précis et découvrez de nouveaux chemins, au détour de votre promenade. Explorez le monde sans idées préconçues. Efforcez-vous de regarder vraiment la vie qui s'anime dans les rues, les places ou les marchés. Faites le vide dans votre esprit pour mieux vous remplir de la richesse de l'instant vécu ici et maintenant.

Éveiller sa conscience à la spiritualité

« Le ciel étoilé au-dessus de moi, immense, insondable, lumineux, et rien d'autre en moi que le ciel, dont je faisais partie, rien d'autre en moi que ce silence, que cette lumière, comme une vibration heureuse [...] Plus de mots, plus de manque, plus d'attente : pur présent de la présence. »

André Comte-Sponville

Témoignage

« Voici quelques années que j'ai franchi le seuil de la cinquantaine. Je me sentais sur l'autre versant de ma vie. Au lieu de profiter des fruits de toutes ces années de labeur, je m'éteignais doucement, dangereusement. Pas une journée ne passait où je n'aspirais profondément à accomplir encore une dernière tâche. Mais laquelle ? Rien de ce que je lisais dans les petites annonces n'allumait en moi la moindre envie. Un jour, il m'est apparu clairement que tout cela ne rimait à rien. C'est alors qu'une image fulgurante a traversé mon esprit : la terre de mes ancêtres en Europe de l'Est. L'idée d'y retourner était peut-être stupide, mais je m'y accrochais. Lorsque j'ai aperçu le village où vivaient mes grands-parents, j'ai aussitôt frissonné. À mesure que j'approchais du village, je sentais une présence indéfinissable qui guidait mes pas. Sans le savoir, j'arrivais exactement au bon endroit. La main posée sur les vieilles pierres, la maison s'est enveloppée d'une lumière douce et blanche. J'ai ressenti un souffle sur mon visage. La cloche de l'église a sonné au loin. Il s'est alors produit une chose étrange. Une force m'a poussé à rejoindre cette église. Je marchais malgré moi, comme habité de toutes ces âmes qui, avant moi, avaient emprunté

ce même chemin. Le temps n'existait plus. J'étais habité par un silence si paisible que les larmes me sont montées aux yeux. Des larmes de joie et de conviction. À partir de cet instant, je savais ce que j'avais à faire. »

Claude, 56 ans

Un peu de théorie

S'ouvrir à la beauté de la vie

Aimeriez-vous rendre votre existence plus vaste, en ouvrant votre présence en ce monde sur de nouvelles dimensions ? Le plaisir seul ne conduit pas au bonheur, au fait de profiter de la vie. Pour certaines personnes, profiter pleinement de l'instant présent, c'est développer leur spiritualité. Des croyants vivent souvent leur spiritualité lors de moments de prières, personnelles ou collectives, à l'occasion de rituels, d'un regroupement ou d'un pèlerinage. Le fait de se sentir en présence de Dieu, dans l'intimité d'une relation avec lui, les remplit d'une joie extrême, d'un rare sentiment d'harmonie. Toutefois, vivre une expérience spirituelle n'est pas réservé aux croyants et aux religieux. Tout le monde peut y accéder en se donnant les moyens. Ce que certains philosophes qualifient de « spiritualité laïque » s'élargit à d'autres dimensions que l'expérience mystique. Elle peut se manifester devant la beauté d'un lieu, d'une œuvre magistrale, d'un paysage à couper le souffle, dans l'élan de l'amour. Ceux qui la vivent parlent d'une expérience « hors du commun », un instant d'éternité et d'absolu, qui dépasse et transcende les limites du moi, une émotion extrêmement intense. La splendeur, la musicalité, la poésie de la vie éveillent en eux une résonance intérieure et surnaturelle. Ces moments d'émerveillement devant la beauté du monde ou le mystère de la vie sont aussi rares qu'intenses. À cet instant, on peut avoir l'impression de ne faire qu'un avec le Grand Tout.

Effectuer un voyage intérieur

La quête spirituelle peut prendre bien des chemins. Plutôt qu'une relation avec Dieu, l'infini ou l'univers, elle conduit parfois à se relier à la dimension spirituelle de son être, au point de découvrir des ressources intérieures insoupçonnées. Étrangement, les personnes qui vivent cette expérience manquent de mots ou hésitent sur les qualificatifs pour traduire ce « vécu » : illumination, révélation, fusion, extase, etc. Mais la sensation vertigineuse d'exister, d'être plein, est bel et bien là. Inutile d'espérer parvenir instantanément à un état d'éveil spirituel en sautant à pieds joints dans un lieu de retraite silencieux ou chargé de symboles. Ce voyage se fait à l'intérieur de vous et tient à un long cheminement, souvent entrecoupé de périodes d'ennui, d'énervement ou de découragement. la patience est de mise ! Puis, au bout du chemin, il arrive qu'on réussisse à toucher son être essentiel, sa vérité intérieure. À ce moment précis, la plupart des personnes affirment se sentir bouleversées par cette rencontre avec cette part inconnue de soi, parfois qualifiée de « part divine », de la découverte de « l'âme » ou de « sa vraie nature ». Cette rencontre avec soi peut avoir lieu dans le silence de la retraite spirituelle, de la prière, de la méditation, de la lecture, de la marche solitaire. Dans cette démarche d'introspection, il importe de renoncer à contrôler ou à lutter contre ses propres pensées pour les laisser évoluer, traverser son esprit et s'évanouir.

Rechercher la sagesse

Les personnes en quête de « nourriture spirituelle » sont souvent animées d'une puissante soif d'absolu ou de vérité. Pour pouvoir profiter davantage de leur présence ici-bas, elles s'interrogent sur le sens, le but de leur existence et le contenu à lui donner. Quel chemin emprunter pour trouver la clé de la sagesse intérieure ? Quelle est la vraie valeur de l'existence ? Qu'est-ce que bien vivre ? Le regard qu'elles portent sur l'art de profiter de l'instant présent est tout entier attaché à ce questionnement fondamental. Un éveil spirituel peut suivre cette quête de sagesse. L'erreur serait de penser qu'une seule et unique voie peut convenir à tout le monde. Tout cela est très personnel. Sur ce terrain-là, mieux vaut écouter sa propre « voix intérieure ». La découverte d'une sagesse qui nourrit et nous fait grandir peut se vivre dans l'exaltation du sentiment religieux, l'aspiration à un idéal privé ou collectif, l'exploration de son intériorité, l'apprentissage des grandes philosophies… Le point commun de ces diverses quêtes ? Penser que la vie vaut la peine d'être vécue si elle mène à quelque chose de plus grand que soi. Par exemple, Luc Ferry croit en une certaine sagesse de l'amour qui conduit l'humanité à se réconcilier avec elle-même. Comme toute sagesse, elle ouvre sur un horizon plus vaste que les limites de sa personnalité et de la seule sphère privée. Quel que soit l'idéal qui nous anime, notre manière d'habiter le présent en sera transformée et renforcée.

À RETENIR

La voie du bonheur n'est pas que pavée de plaisirs fugitifs ou de buts à atteindre. Pour certains, vivre (et profiter de la vie dans l'instant), c'est vouloir vivre parfaitement conscient de la beauté du monde, divinement convaincu de son mystère et de la valeur humaine. Développer sa spiritualité n'est pas réservé à ceux qui croient en la vie éternelle.

Partir en quête de sa part spirituelle ne s'improvise pas sur un coup de tête. Ce serait comme aller au plus profond de soi-même par le chemin le plus court ! Avec patience et abandon, on laisse ses pensées jaillir, évoluer et traverser son esprit, sans chercher à les retenir. Se retirer en soi-même, dans le silence, finit par instiller une paix intérieure.

Le besoin de transcendance pousse certaines personnes à questionner le sens et le contenu de leur existence. Elles sont en quête d'autre chose, au-delà de leur train-train quotidien qui leur semble dépourvu d'idéal, d'amour ou de sens. Et s'il suffisait d'un peu plus de sagesse pour laisser entrer de nouvelles richesses et les faire grandir en soi ?

Conclusion

Vous disposez à présent de tous les outils pour plonger dans l'instant présent et profiter intensément ou agréablement de précieux moments.

Il ne tient qu'à vous de ralentir et de vous poser quelques instants… pour prendre le temps de penser, respirer, écouter le silence, contempler la vie, rire avec des amis, s'émerveiller avec un enfant, aimer avec passion, compatir avec la souffrance d'un proche, cultiver son jardin secret, éprouver un moment de sérénité et… savourer consciemment chaque cadeau de la vie.

Cette conscience aigüe du présent génère souvent une nouvelle façon de vivre, une qualité de présence à soi et aux autres, une présence vraie, authentique, au plus proche de sa réalité et de ses valeurs.

Nous sommes parfois si portés à nous habituer à un certain bonheur quotidien que le goût de vivre est émoussé, les plaisirs s'affadissent. Faut-il, pour autant, attendre qu'un deuil, une maladie, une séparation nous rappelle la valeur de la vie ? Non, car profiter de l'instant présent, comme le fait de se ressourcer, cela s'apprend. Quand on commence vraiment à voir et à s'émouvoir, on s'aperçoit de tout ce qui nous est offert, de tout ce qui nous a construit et enrichit positivement. On ouvre enfin les yeux, le cœur et l'esprit !

Ce sont dans ces instants privilégiés que l'existence prend une nouvelle dimension, plus riche du présent, plus intense que jamais, joyeuse, pétillante de bonheurs simples. Vivre pleinement qui on est, en relation avec les autres et en harmonie avec la nature, rend notre existence significative et sereine. On permet que notre créativité et notre vitalité s'épanouissent, que notre existence se déploie.

Quand on pratique l'attention et que l'on se rend disponible, on ne se sait jamais les surprises inattendues que la vie nous réserve. On ne gâche plus sa vie en vains remords ou en espoirs incertains. On ne la gaspille plus à rattraper le temps perdu ou à gagner du temps sur l'avenir, on jouit de tout ce qui nous est donné au présent. Car seul le présent nous appartient.

Auteur : Myriam Jézéquel

EDITIONS ESI
Éditions ESI
100 rue Petit, 75019 Paris

Imprimé par FINIDR - Lipova cp. 1965 - 73701 Cesky Tesin - République tchèque
 - Dépôt légal : novembre 2014 - Achevé d'imprimer : octobre 2014
ISBN : 9782822603430
N° Sofédis : S550474